走进先贤普及读本

旷世才女

李清照

刘巧巧◎编著

中国社会出版社

国家一级出版社 ★ 全国百佳图书出版单位

图书在版编目（CIP）数据

旷世才女李清照 / 刘巧巧编著 . — 北京 ：
中国社会出版社，2012.1（2022.6重印）
（走进先贤普及读本）
ISBN 978-7-5087-3730-0

Ⅰ . ①旷… Ⅱ . ①刘… Ⅲ . ①李清照（1084～约1151）
—生平事迹—通俗读物 Ⅳ . ① K825.6-49

中国版本图书馆 CIP 数据核字 (2011) 第 229355 号

出 版 人：浦善新　　　　　　　终 审 人：张铁纲
责任编辑：魏光洁　　　　　　　助理编辑：刘海飞
责任校对：马潇潇　　　　　　　封面设计：天之赋设计室

出版发行：中国社会出版社　　　地　　址：北京市西城区二龙路甲 33 号
邮政编码：100032　　　　　　　编 辑 部：(010)58124851
网　　址：shcbs.mca.gov.cn　　发 行 部：(010)58124868
经　　销：新华书店

印刷装订：北京华创印务有限公司　开　本：155 mm×225 mm　1/16
印　　张：11　　　　　　　　　　字　数：116 千字
版　　次：2012 年 1 月第 1 版　　印　次：2022 年 6 月第 3 次印刷
定　　价：39.80 元

中国社会出版社微信公众号　　　　中国社会出版社天猫旗舰店

【目录】

李清照其人

初识清照是因其词，再识清照是因其句，清照虽号易安居士，但是她的一生却并不是一帆风顺的。幼年丧母，虽其继母贤淑温良但终无血缘，清照善感，多敏感于周围其他人。不管是对待生活还是对待历史，她都能够敏锐地发现其中的一些深意。

出嫁前，还是少女时代的李清照就因其才华出众而轰动汴京。所以赵明诚才会弄出个"词女之夫"的谜面向父亲暗示其喜欢的对象。而这个才女也确是不同凡响，连远远地看见未婚夫的样貌，也不是羞红了脸赶紧跑进屋子，而是边佯装赏梅，边试图看清未来丈夫的样子。一副天真浪漫的少女形象。

过了不长时间，有情人终成眷属，李清照与赵明诚结婚了。但是好景不长，婚后不到两年，他们就因朝内的政治斗争而夫妻分离。虽后来大赦天下，夫妻得以团圆，但赵明诚一家却因为赵明诚刚刚过世的父亲得罪了丞相蔡京而锒铛入狱，后来虽幸免于难，却在京城无了落脚之所，最终赵明诚携妻李清照暂时回青州老家屏居，可真真印证了那句"炙手可热心可寒"。自此，李清照的生活就开始走上了下坡路。

从那时起，李清照屏居青州十年，一直粗茶淡饭，勤于金石书画，日子虽贫苦，夫妻却和睦。后明诚被重新起用，这一起用可不要紧，又是"天台之遇"又是"章台路"的，令清照万分痛苦。为了寻回往日的美好，她只身前往莱州寻夫，只可惜遭受冷遇。最终在她的坚持与感化下，赵明诚回心转意。可惜好景不长，不久金兵入侵，汴京失守，北宋灭亡。夫妻二人开始了南渡的流离生活。不幸的是，赵明诚在一次上任的途中因病而死，自此之后，李清照独自过着客居他乡、流离失所的孤独生活。其词风其性情也开始发生转变。

我们通过阅读能够了解作者，了解作者所生活的年代以及作品所反映的生活与心情。我们读作者的自序能够解读历史，验证其作品的主题与年序。他人的点评也好，传记也罢，大都是在作者死后所作，其真实性精确性自然不如作者自序。但是作者的自序并不多，那么，通过他人对作者的描述与记录或许能够帮助我们进一步了解作者、理解作者、读懂作者。

要知道，历史也不过是对过往之事的追忆、记录与思索，其多多少少加上了一些自我的主观感受。历史的不一定是正确的，历史也不仅仅指一个人一件事，而是古、今、你、我，我们大家都包容在内。所以在阅读时不妨抛开正解去展开想象，用自己的所知将其融会贯通，从而使印象更加深刻。正解是用来考试的，有标准答案；而思想是无限自由的，人生是没有标准答案的，所以作为我们每个人来讲，一定要有独立的思想与意识。

第一章

名门闺秀

清照故里

推开李清照故乡的大门，里面可谓是色彩斑斓。这里的色彩斑斓你可以理解为环境好、气候好、人文好，关键是有泉水洗涤的轻灵与神韵。济南多名泉，那么李清照的故乡到底是济南的哪个地方呢？

一般说来我们有一个常识，不会的、不懂的、不清楚的问百度。于是在百度的词条里输入李清照输入李格非，得到的答案却是相互矛盾的。李格非就是李清照的父亲，其中百度中记载李清照为山东章丘人，而李格非则被记载为济南历下人或历城人。章丘、历下、历城均为济南的下设县区，说他们均为济南人是可以的，但当你发现闺女与父亲竟然不是一个故乡不是一个庭院，那就说明有些问题需要查实，有些东西需要考察和认证了。

首先，我们先来解决历下与历城的问题。它们现均属于济南市区。为什么会有文字的差异呢？我们一起来看一下历下在历史上的沿革。秦始皇建立郡县制时，历下属济北郡，称历下邑；西汉景帝四年（公元前153年），设历城县，治所在历下，历下属济南郡历城县；宋代属济南府历城县。也就是历下曾经是历城县的一部分。

清楚了历下与历城的关系，我们是不是在清照的籍贯上可以直接在章丘与历城两者之间进行排除。清照与这两地的千丝万缕联系都有文献诗句证明，我们所做的只是从细微处去伪存真，从而找出最佳准确的答案。

从古至今，把清照故里与济南的柳絮泉联系在一起的诗句文献不少见。比如清朝顺治年间的著名诗人田雯在《柳絮泉访李易安故宅》的诗里写道："跳波溅客衣，演漾回塘路。沙禽一只飞，独向前洲去。清照夕年人，门外垂杨树。"字里行间，清照门前的清泉、沙禽、垂柳、荷塘仿佛就在眼前，而这些美景正是清照词句里常见的景象，于是让人心生联想，部分肯定它的真实性。到了乾隆年间，编著《趵突泉志》的任宏远先生参观过柳絮泉后也赋诗一首，名为《柳絮泉访李易安故宅》，只是内容与前面田先生的有所不同，其诗曰："为寻词女舍，却向柳泉行。秋雨黄花瘦，春流漱玉声。收藏惊浩劫，漂泊感生平。往昔风流在，犹传乐府名。"如果说前者田先生的诗是对清照故乡的赞美，渲染一种良辰美景的画面的话，那么后者任宏远先生则是把词人的经历、生平都写在里面。句中的"为寻词女舍，却向柳泉行"应该是他从文字里读到词女的故乡是柳絮泉，然后直奔柳絮泉来的；我们可以理解为他也只是听说并没有见过可以作为凭据的东西。东晋有一个叫谢道韫的才女，曾经写过这样的名句"未若柳絮随风起"，意思就是说没有落到地上的雪花被风又吹走了，因为这形象生动的表达而使句子多了份灵动，故广为流传。后人也把柳絮比作才女。

李清照在历史上是有名的才女，于是道光年间的诗人范炯在《易安居士故宅诗》中写道："漱玉清词玉版笺，易安居士有遗编。远齐道韫应无愧，故宅犹称柳絮泉。"诗里透露出两个信息，一个是漱玉词一个就是柳絮泉。清道光学者俞正燮正是依据诗人们的结论，在《癸巳存稿》中断定为："易安居士李清照，宋济南人，居历城城西南之柳絮泉上。"即便他不是从先前的诗句里提炼而是亲自去探究也未必能找出清照的院落。经史子集、经典学术、人物典籍、历史地理、医药风俗等在《癸巳存稿》中都有记录，可以称得上是一本百科全书。后来的《山东通志》卷三十四《疆域志第三·古迹一》采用了俞正燮的说法。1956 年，"李清照纪念堂"在济南趵突泉的东北侧落成，郭沫若先生还题了词，这样一来，李清照似乎就成了铁定的"济南历城人"，然而事实却并非如此。

历史是什么？是一些人对另一些人的总结评判。历史的不一定是正确的，什么是历史，历史只是对过去的一个概括性总结，除非当事人亲自总结撰文，否则他人总结的都不一定真正符合当事人的实际情况，而我们是没有办法去追溯去亲自跟当事人交谈的，除非时光能够倒流，我们能够穿越时空。

另一种说法是清照为章丘明水人。明代古籍中曾有人指出其父李格非为章城人，并给一个姓廉的隐士写过碑刻撰文，他们两家的距离也就三华里远。

按照这条线索，人们不断地去寻找探究。终于在1980年，山东省文物管理部门在章丘县明水镇西三华里的廉坡村找到了《廉先生序》的石刻。原来这《廉先生序》是李格非为其好友、章丘廉家坡的廉复隐士撰写的一篇碑文，里面提到："格非之兄和叔，以为其不苟，于古可似黔娄。其难际似叔度，其藏节匿行，使世莫得名；其高则非仲长子光不可偕也。以考夫功业，则疑其数十年间，天下之人，有时忠顺，岂乐之意，莫知其然而作；忽戾之人，亦有时乎？悔艾之心，莫知其然而作。天地之气，其容与调畅，足以养万物而秀嘉草者，恐斯人与有功焉！始闻去冬奄已即世，子皇皇请议未及。此正西山之饿夫，东国之逐臣，燕之屠，蜀之卜，绛县之老，有赖于仁人君子一言之时也。唯吾为同里人，质之区区亦欲藉之以告，请议之伯。"落款是元丰八年九月十三日，绣江李格非文叔序。绣江就是今天的明水，从明水李格非的院落到廉坡村正好是三里地，而院落里正是泉水淙淙、绿柳成荫。除此之外，李清照的堂兄李炯还在这篇碑文里写了跋语，其谓曰："迥忆昔童时，从先伯父、先考、先叔西郊纵步三里，抵茂松修竹溪深水静，得先生之居，谒拜先生，数幸侍侧，欣闻謦之余，独愧颛蒙未有知识。但见先生云巾凫舄，羽服藜杖，身晦于林泉之间，望之如神仙中人，真古所谓隐逸者也。先生既殁，先考评其为人，先叔作序，以纪名实，而太学诸生取其附于策断之末，传诵天下儒者尊师之。迄兹三十有七年矣，先生孙宗师、曾孙理、珪更愿树之坚石，盖求不朽。

后进有立，喜为之书。"落款为宣和癸卯正月人日李迥谨题。

也就是说清照的堂哥李炯小时候曾幸运地跟着父亲、叔伯穿过松竹茂密的树林，听着清泉演奏的袅音到过廉复先生的住处，并在旁边有幸聆听了先人们的谈话。幼小的他什么都不懂，但是见到所拜见的先生时觉得就像是做梦一样，眼前的这个人鹤发童颜如同云端的神仙，谈吐也均是世事看透的畅然与自得，十分飘逸洒脱，令人尊重与向往。与其接触，哪怕只是在旁边不说话，安静地站着都感觉到全身轻松，像沾染了仙气一般。

《廉先生序》碑刻的重现为李清照的故居提供了有力而坚实的证据。现在位于山东省章丘市的百脉泉公园相传就是当初李清照的故居，后来依次还建立了清照园，里面清楚地记载着关于李清照、李格非及其家人在故乡的一切，并且有破旧而珍贵的碑刻拓片，就是那几块看上去破破烂烂拼凑起来起来的石头记载了几千年前所发生的一切，也为清照故里提供了最有力的证明。

柳树是济南的市树，自古以来垂柳常见于济南各处。章丘是济南的县级市，隶属于济南。自然条件、气候条件、人文环境都与济南有着千丝万缕的关系。济南"七十二名泉"中最著名的就是趵突泉和百脉泉；曾巩云："岱阴诸泉，皆伏地而发，西则趵突为魁，东则百脉为冠。"这就是说对于清照故居的误解有其相似的地理背景，都有泉水的滋润也都有绿柳如荫，都有荷塘小舟也都有溪亭鸥鹭。

就像是两个人名字相同，如果他们所做到事情类似就很可能被人错位记忆，自然环境、家乡想必也是同样的道理。

书香世家

通常我们说："喂，你看谁谁谁文采多好，独具一格，人家可是书香世家，有着深厚的文化渊源。"说这话的时候一般是指对那个人的赞扬和美慕。书香指文化气息浓厚、文化底蕴香醇的意思，李清照便是出生在一个这样的家庭之中。

李清照出生于书香世家，不仅父母有较高的文化修养，而且有着十分开明的思想。假若清照的父母传统保守，非要把"女子无才便是德"当做座右铭，将她囚于闺阁中只是做些针线、女工，那就不会有今天的李清照和她在中国文学历史上的重要贡献了。

在礼仪风俗日渐浓厚的封建社会，男子的成长受多方面的影响，比如家庭、学堂、所从事的行业、社会和朋友圈等等。他可以出身贫穷但是通过自己的不断努力仍旧可以通过考取功名来走进仕途，从而改变命运，告别曾经破旧的衣服与漏雨的茅屋。

古时候的学堂虽然不像今天这样面临择校难、升学难的问题，但是一所学风好的学堂，严厉的老师、底子深厚的文化氛围仍然能够给学生以质的升华。古时候读书无外乎"四书""五经"《道德经》《千字文》等等，所学科目虽然大同小异，但是一所好的学堂能让学生德智体全面发展，对于当时社会的现状、政治的格局都有比较透彻的见解。通常书院的师长多为国家经世救国的栋梁之才，或曾久居高位或为人人所敬重的名士贤达。与现在的名校校长大都为人大代表或政协委员有异曲同工之妙。

这样，学生长大后，他所从事的行业基本决定了他的社会地位，士、农、工、商层层划分，如果结交的都是高端人士，想必无论仕途还是钱途都有十分光明的前景。不过，这些幸运儿多为男生。女子就没有这么好的命了，她们不许这个、不许那个，只许在闺阁中遵守女子的德行，就连读书也不是每个女子都有机会的。一般说来，她们除了吸吮母乳，性格的形成，主要是来自家教和书籍。女子最初的德言音容，受其母的影响往往更大、更直接。下面我们就先来说说李清照的母亲吧。

李清照的母亲为当时的宰相王珪的女儿，清照与秦桧的夫人是表姐妹关系。当然，我们高洁的词人是不会跟卖国贼扯上关系的，就算她再落魄、再流离也不会到秦相爷府前讨一口水喝的。前者是流芳百世的爱国者，后者是遗臭万年的奸臣，二者泾渭分明，绝对不可同日而语。

至于清照生母对她的影响，想必从下嫁李格非的那天起就有了吧。当时她是相门小姐，而李格非不过是个小小的地方官吏，日子清贫，其母能很好地完成这种由富贵到清贫的过渡并能勤俭持家、贤能淑德过日子，这对以后清照由幸福的婚姻生活到南渡流落，不能不说从血液里就有了遗传。

相府家的小姐除了从小有优越的生活以外还能识文断字，而她的长辈也都是具有浓厚文化气息的人，当时的宰相王珪还写出了"莫道无人能报国，红旗行去取凉州"的出色诗句，可谓清照母亲也是书香世家并受过良好的教育。史诗中记载王氏"亦善文"（或作"善属文"）其家学渊源也是可信的，其对清照的影响亦不言而喻。

《宋史·李格非传》中写道："妻王氏，拱辰孙女，亦善文。"后代的一些记载中也有说清照母亲是北宋诚实状元王拱辰的孙女，那么到底哪一个是真呢？这就要从多处文献或已出土的碑刻撰文中来考证了。

《宋史》是在李格非死后近二百年始由元人脱脱主持修撰，因为涉及的内容极多，时间又过于仓促，所以有很多资料来不及详查核实，从而成为历代正史中错漏最多的文献，被清编《四库全书总目提要》评为"舛谬不能殚数"。宋人庄绰的《鸡肋编》就不同了，它是同时期编纂的，作者亲自经历了那个时代，并且从其他的一些文献中也能印证其内容属实。

据说，王氏生清照时难产，虽然当时并没有怎样但元气大伤，身体一直不太好；在清照很小的时候就去世了。后来在晁补之的牵线搭桥下，李格非迎娶了王拱辰的孙女，史书中记载的此王氏非彼王氏，她应该是清照的继母。她从小生在状元之家，一定受过深厚的文化熏陶。不然这么年轻貌美、知书识礼、家世显赫的女子怎么会嫁给一个死了老婆还带着孩子的中年人？显然她的眼界要更高一点，比世俗更超脱一点，她看重的是李格非的才华和人品。这样的女人自然也是贤良淑德、温柔善良的，对清照也是关爱有加的。

李清照从小是一个非常聪慧独立的女孩子，敏感而多愁；虽然她的诗词里并没有流露出多少母亲对她的影响，但是无论生母还是继母，她们才学贤德都给了她潜移默化的影响。

小时候父亲在外做官，她在明水老家的院子里接受母亲的教诲和熏陶，常常打破沙锅问到底，对学习有着浓厚的兴趣；其母博学多才，基本上也能给她想要的答案或指点她去某些书里自己寻找。

《宋史·李格非传》曾这样描述李格非："李格非，字文叔，济南人。其幼时，俊警异甚。有司方以诗赋取士，格非独用意经学，著《礼记说》至数十万言。遂登进士第。调冀州司户参军，试学官，为郓州教授。郡守以其贫，欲使兼他官，谢不可。入补大学录，再转博士，以文章受知于苏轼。尝著《洛阳名园记》，谓：'洛阳之盛衰，天下治乱之候也。'"文字虽然不多，但足以从这寥寥的字里行间读出李格非的独特之处与坦荡性格。李格非精通儒家经典，中了进士之后辗转各地做官。宋代有官员兼职兼薪的条例，李格非在任郓州教授时，当地郡守可怜他日子过得清贫，想让他兼任一些其他职务以便多领取一些薪水补贴家用，可被他拒绝了。他认为，做一件事需全身心地投入，不可三心二意，从这里可以看出他的品高格正、廉洁奉公，对清照的成长有着重要的作用。

李格非是一个工作中恪尽职守、生活中严于律己的人。工作之余，他把时间都放在了读书与著述上，非常勤奋。北宋时期，文学作品与学术著作也较多，虽然现存和流传的并没有那么广泛，但是在那个年代，李格非的文学造诣和成就是十分显著的。他的诗文深受大学士苏轼的喜爱，并与苏轼的弟子有着密切的往来和深厚的情谊。据历史记载，李格非著有诗文四十五卷，还有学术理论著作《礼记精义》十六卷、《永洛城记》一卷、《史传辨志》五卷等。由此可以想见，他的言传身教以及周围浓厚的文化氛围必定给予李清照重要的影响。

在清照十几岁时有这样一件事令她终生难忘。那一年章惇做了宰相，章惇是新法的拥护者，与苏轼的元祐党派是完全对立的。那时李格非的才学品格早已在京城得到大家的认可和尊重，于是时任宰相章惇召李格非做检讨（官名，掌修国史），实际上就是拉拢他，想使他与自己站在同一条战线上，但是李格非拒绝了。他自知受过苏轼的赏识，与苏轼的四大弟子也有着深厚的友谊，所以宁肯自己被降职也不肯说苏轼的坏话，站到对方的队伍里去。结果可想而知，他被贬到地方做副职去了。虽然李格非的个人利益受到了损害，但是他的这种知恩图报的做法、这种不随波逐流的品格，给清照留下了深刻的印象。想必后来清照上诗救父多半也是得益于父亲的真传吧。

李格非的难能可贵之处还在于他的开通与开明。他从小教清照读书识礼并细心发现、挖掘清照的聪慧与天分，从而在文学的道路上给予指引与辅导，可以说清照早期的文学基础除了母亲的点滴渗入，大部分都来自于父亲的循循善诱。

李格非在江西广饶任职时还有件大快人心的事。当时在他的辖区内有个道士坑蒙拐骗，通过诈术来让人相信他的道行以及占卜未来的准确性。随着名气的渐渐扩大，他不觉有些得意忘形，出入都乘坐马车，村里的人对他的道行将信将疑。有一天李格非外出办事，途中正好碰到这个假道长，于是派人把他捉来并当众拆穿了他的伎俩，当着大伙的面狠狠地打了他的屁股并将其逐出所治辖区，百姓无不欢欣鼓舞。此种举动对于小清照坚持正义、嫉恶如仇性格的养成也有着很深的影响。赵明诚死后，有个叫张汝舟的人对清照百般殷勤，时间长了才知并不像表面那样文质彬彬，只是冲着清照的那些古籍文物去的，清照揭穿了他的本来面目，即使自己受到牵连而身陷囹圄依然果断地告官，将张汝舟的坏德行公之于众。

凡此种种，在成就李清照的道路上均不可忽视。除了性格品德以外，才学是她最耀眼的一颗明珠。在她成长的过程中，其文学方面的成就日益超过其父。清人陈景云就曾说过："（李易安）其文淋漓曲折，笔墨不减乃翁。"而这正是她的父亲所希望看到的。"中郎有女堪传业，文叔之谓耶。"就清楚地表达出李格非的愿望。文叔是他的字，表面上他是想表达要是我的女儿能够继承我的学问，著书立传、名扬天下那该是件多么令人欣慰的事啊。实际上他是对女儿充满了信心。清照自然没有让父亲失望，小小年纪便能出口成章，并形成自己独特的风格。

这些思想的积淀与广泛的阅读是分不开的。前面我们说到李格非工作之余，非常勤劳地写作，他的思想新颖、见解独特，如《洛阳名园记》《廉先生序》《永洛城记》一卷、《史传辨志》五卷等，以及散见于《墨庄漫录》《冷斋夜话》《宋稗类钞》《宋诗纪事》的诗文、杂记等等，都彰显了他的才华与成就。虽然这些文字现今大都已经失传，但当时清照一定是首先读过并熟记的。除此之外，她还阅读了大量的书籍，其范围之广、内容之多是常人所无法比拟的。一方面她有过目不忘的本领，另一方面她有广泛阅读各类先贤著作和历史评说的条件，这个条件谁给的？当然是她的父母。李格非在文学上对清照是宽容的，这是李清照的幸运也是历史的幸运。如果像《断肠集》作者朱淑真的父母那样，把涉及爱情的诗句都付诸一炬，今天我们就没有机会读到这样优美而轻盈的诗句了。

由此可见，生长环境对一个人的影响是巨大的。一个书香味浓郁的家庭，即使他的子女再不喜读书，相信也不会坏到哪里去。相反，如果加以利用好好培养，说不定还能出一个旷世奇才呢。

才华出众

李清照从小聪慧机敏，但是她的才华得以全面展现或是被人所知晓，则是在去了汴京之后。

去汴京之前，她的生活都是在章丘明水老家度过的。听说要去京城了，心中难以抑制的澎湃与激动。京城会是什么样子的呢？车水马龙、盛装繁盛吗？那就是皇帝居住的地方吗？那就是父亲现在工作的地方，真想知道它的样子……

带着这些疑问，小小的清照去问母亲，母亲听完后笑着说："傻丫头，娘一直跟你在一起，也不清楚呢，你自己想想看，到时候见了看与所想是否相同。"李清照若有所思地回到院子里，对着月亮出神，想象汴京的世界。

不多久便到了汴京，看到周围的景象，李清照乐了，这跟她想象的诗里写的完全一样。在这里，繁华的京城景象，幽雅的生活环境，浓厚的文学气息都激发了李清照无限的创作热情。而清照的父亲李格非又跟"苏门四学士"交往甚密，无论从思想上还是实力上都给予她很深的影响。

话说有一天"苏门四学士"之一的张耒，在瞻仰了中兴颂碑后感慨万分，思绪滚滚立即作诗一首，这就是后来有名的《读中兴颂碑》。其原文如下：

> 潼关战骨高于山，万里君王蜀中老。
>
> 金戈铁马从西来，郭公凛凛英雄才。
>
> 举旗为风偃为雨，洒扫九庙无尘埃。
>
> 元功高名谁与纪，风雅不继骚人死。
>
> 水部胸中星斗文，太师笔下蛟龙字。
>
> 天遣二子传将来，高山十丈磨苍崖。
>
> 谁持此碑入我室，使我一见昏眸开。
>
> 百年废兴增叹慨，当时数子今安在。
>
> 君不见，荒凉浯水弃不收，时有游人打未卖。

那么为什么身为"苏门四学士"之一的张耒对这块颂碑这么激动万分呢？这就要引出其背后的故事了。

原来啊，这中兴颂碑是为纪念平定安史之乱而由元结撰文、颜真卿书写的碑刻。其原文如下：

> 天宝十四年，安禄山陷洛阳。明年，陷长安，天子幸蜀，太子即位于灵武。明年，皇帝移军凤翔。其年，复两京，上皇还京师。於戏！前代帝王有盛德大业者，必见于歌颂。若今歌颂大业刻之金石，非老于文学，其谁宜为？颂曰：噫嘻前朝，孽臣骄，为昏为妖。边将骋兵，毒乱国经，群生失宁。大驾

南巡，百寮窜身，奉贼称臣。天将昌唐，睨我皇，匹马北方。独立一呼，千麾万旗，戎卒前驱。我师其东，储皇抚戎，荡攘群凶。复复指期，曾不逾时，有国无之。自有至难，宗庙再安，二圣重欢。地辟天开，蠲除祅灾，瑞庆大来。凶徒逆俦，涵濡天休，死生堪羞。功劳位尊，忠烈名存，泽流子孙。盛德之兴，山高日升，万福是膺。能令大君，声容云云，不在斯文。湘江东西，中直浯溪，石崖云齐。可磨可镌，刊此颂焉，何曾千万年！上元二年秋八月撰，大历六年夏六月刻。

　　碑刻上面清楚地记录了平定安史之乱的始末。潼关地势险要，易守难攻，本来可以守得住，但是由于唐玄宗听信小人错杀镇守潼关的将领，又因急功近利派 20 万大军讨伐以致潼关失守。消息传到长安，长安即将沦陷，唐玄宗这才连夜逃跑，朝蜀中奔去，途中应龙武大将军的请求，为鼓舞士气，重振雄风，将奸相杨国忠及奢侈误国的杨贵妃处死。后来唐肃宗在灵州自行登基，任命郭子仪为朔方节度使。郭子仪与河东节度使李光弼会师河北，击溃了安禄山部将史思明，收复了河北一带。因为当朝统治者的正确决策，也因为安禄山史思明内部的矛盾，最终平定了叛乱。对此，士兵百姓无不击手称颂，在这样的大背景下，中兴颂碑得以完成，而人们无不竞相传颂。

　　当时北宋王朝只是暂时的兴旺繁荣，盛世中反观前朝平叛史，想到胜利后人们的喜悦以及由胜利而产生的社会影响张耒自然是澎湃激动。文人自古多敏感多才情，张耒是熟知历史的，读此碑文自然别有一番滋味，不同于普通的民众当字来读，他是对历史进行着深刻的反思。

伟大词人李清照更是熟知历史的，在她读完张耒的诗后亦是激动不已，被张耒的激情澎湃所感染，十六七岁的她居然也拿起笔唱和了两首，这就是《浯溪中兴颂诗和张文潜》（二首）。

其一

五十年功如电扫，华清宫柳咸阳草。
五坊供奉斗鸡儿，酒肉堆中不知老。
胡兵忽自天上来，逆胡亦是奸雄才。
勤政楼前走胡马，珠翠踏尽香尘埃。
何为出战辄披靡，传置荔枝多马死。
尧功舜德本如天，安用区区纪文字。
著碑铭德真陋哉，乃令鬼神磨山崖。
子仪光弼不自猜，天心悔祸人心开。
夏商有鉴当深戒，简策汗青今具在。
君不见当时张说最多机，虽生已被姚崇卖。

其二

君不见惊人废兴传天宝，中兴碑上今生草。
不知负国有奸雄，但说成功尊国老。
谁令妃子天上来，虢、秦、韩国皆天才。
苑桑羯鼓玉方响，春风不敢生尘埃。
姓名谁复知安史？健儿猛将安眠死。

去天尺五抱瓮峰，峰头凿出开元字。
时移势去真可哀，奸人心丑深如崖。
西蜀万里尚能返，南内一闭何时开。
可怜孝德如天大，反使将军称好在。

呜呼！奴辈乃不能道辅国用事张后尊，
乃能念春荠长安作斤卖。

她这两首诗比张耒的又递进了一层深入了一层。不仅写明了安史之乱的始末还做出了时代性的总结。在她认为功绩无须用笔记下来，用笔记下来的都不一定靠得住。后来的中兴颂碑又如何？还不是被人遗忘忽视以致杂草横生。而当初为平定安史之乱立下汗马功劳的郭元帅还不是被皇帝猜疑，不受重用不说还时常找些罪名加在郭帅府上。当然他是为了巩固他的皇权，但是随着胜利的安稳，又出现其他的政变，安史之乱这样大的社会问题并没有得到皇帝应有的重视和反思。

可见我们年轻的才女清照是从根本上底子上来看待这件事的，当时或许她会觉得"你看唐朝的那皇帝，是个什么人啊，人家帮你平复战乱、收复失地，让你安安稳稳当上了皇帝并逐步恢复繁荣太平的统治。可你呢，你是怎么对待人家郭大帅的？千万别说是小人在你面前说郭元帅的坏话，你是成年人，没脑子吗？实际上你自己就是想过河拆桥，怕人家文韬武略的又有着很高的军事才能从而对你产生威胁，你还巴不得有人进谗言呢，那样你就不用顶着不仁不义的名声让那些贤达才干们对你有意见了。你是老大，你欺负了人家又咋样，回头还不是被身边的女人和狗奴才搞得晕头转向，残害忠良？人啊，得看清自己，如果连最起码的常识判断都没了，你也就完了，你们家也就完了。别看现在的京城繁华太平，指不定哪天发生什么事呢，自古以来朝代兴替无一不是因为统治者的无能，不能树立正确的治国方向，从而诱发战乱，民不聊生。咱这小老百姓啊是最弱势的群体，哪能哪敢跟人家大象腿抗衡呢……"有些话是不能明说的只能自己想想，想完就算了。遇见清照这样的高手能够用诙谐隐秘的方式表达，表面上是对前朝的批判实际上是对当今朝廷的影射和希望。

在男尊女卑的封建社会，咏史言志本来就是男性的专利，并成为他们文采出众、博学多才的一种象征。女性的天地是在家里在针线女工上，可是女词人小小年纪却道出了连一些士大夫都没有道出的治国哲理，可见她光彩照人的才华。

当时李清照的父亲李格非官居礼部员外郎，相当于今天的外交部司长。试想一下，如果当今的外交部司长家的闺女能够在高中时代敏锐而准确地洞察天下大势，通过历史反观今日之政策得失并文采出众，早就被北大清华直接录取并被国家吸收为后备干部了。封建社会，虽然女子没有出仕的权利，但是她的文采被那些身居高位的叔叔伯伯认可并广泛传诵，不能不说有李格非的影响在起作用。

就拿"苏门四学士之一"的晁补之来说吧，他十分欣赏李格非的才学并与之相交甚密，两人在文学上都有惺惺相惜之感。李格非欲请他做李清照的老师，因为害怕被拒绝，所以只在一个酒场上试探晁补之的心思，没成想晁补之满口答应并显得十分高兴。原来晁补之也是惜才之人，看到李清照年纪轻轻就有如此深厚的文学功底，定认为她是个可造之材，对收这样一个徒弟高兴还来不及呢，哪还会拒绝。

有一个博学多才、秉正无私的父亲，有一个见多识广、闻名遐迩的老师，有一群身居高位、爱好文学的叔叔伯伯，博文强识、才华出众的李清照想不出名都难。

总而言之，李清照的才华出众、文采超群令人赞叹，有自己聪明善学的原因，也有家庭环境中文化氛围影响的原因。他的老师也就是苏轼的大弟子晁补之就曾多次称赞过她，在《说郛》第四十六卷引《瑞桂堂暇录》对她的评价是：才华出众、知识渊博、志向远大，近代的人几乎没有能比得上的。

❀ 金玉良缘

> 有些缘分是上天注定的。于千万人之中遇见你想见到的人，于千万年之中，时间的无涯荒野里，没有早一步也没有晚一步，正好碰上了你日夜所期冀的那个幻影，这是缘分也是天意。

李清照和赵明诚的缘分不能不说也是天意，至今他们的爱情还被传为一段佳话。古时候的婚姻讲究门当户对，讲究父母之命、媒妁之言，儿女是不能自主的。李清照和赵明诚的婚姻对于两个人来说都称心如意，这种默契和愉悦不能不说也有自由选择的成分在里面。

他们的爱情故事是从什么时候开始的呢？这得从李清照移居汴梁之后说起。清照移居汴梁之后被那里的繁华景象、

浓厚的文化气息所吸引，大街小巷卖东西的特别多，各种商铺书店也比比皆是，这是她的故乡所不能比拟的。一般说来小城镇的生活节奏较慢，人们也都习惯并安逸于那种闲散与舒适。无论走到哪，自然的因素占得多些，而工商业、文化产业均不发达。就像是在清照的老家，如果词人外出闲逛，找一家书店、古玩店并不是那么容易，除非她得走很远的路，而那是家里所不允许的。

而作为京都的汴梁就不同了，出了自家院落，顺着门前的大路一直走，不远处就能看到摆摊的旧书籍、古玩，而马路的另一边则是比较正规大型的书店、古玩店。文化市场如此更不用说商业气氛了。这是平常生活，如果遇到节假日，各处张灯结彩、人声鼎沸，好不热闹。十六七岁的女孩子，天生活泼、好动，看到这种景象当然恨不得经常出去逛逛、看看、尽兴玩耍。

到了汴梁之后的第二年，清照十七岁。看过汴梁的繁华，早已失去了当初那种饱满的激情，但是花灯节还是不容错过的。就像每年的元宵灯会，虽然年年有但是每年的花样都不相同。看到拥挤热闹的人群，我们也极想出去凑凑热闹。不管花灯是否令人满意，但那种亟待参与的心情还是非常浓烈的。

这一年的元宵节，清照和她的侍女一起去相国寺赏花灯，正看花灯上的字谜出神呢，这时听到有人喊她的名字，转眼一看，不是别人，这人正是她的堂兄李炯。跟李炯在一起的还有一个翩翩少年，只见那少年风度翩翩、儒雅俊秀、彬彬有礼；清照是女孩子当然不敢多看对方，免得失礼。

那个时候的李清照在汴梁已经非常有人气了，她的一首

《如梦令》以及《浯溪中兴颂诗和张文潜》使她在词坛上崭露头角，并得到很多士大夫的认可和称赞。赵明诚是"官二代"，在太学读书。他不像那些纨绔子弟整日赏花、逗蛐蛐，骄奢淫逸，不学无术。他是读书人，自小性情宽厚，对好人好事充满了崇敬与向往。对于李清照，虽然只是初次相识，但是在他心里已经想象过千回万回了。从看到清照的诗词起，从他知道这些文字出自于一个比他年纪还要小的女孩子时，他的心里就充满了想象。他以为才华出众的女子长得都比较胖或比较丑，可是当他今日见到眼前的妙龄女子婀娜多姿、清秀隽美而又聪明伶俐时，顿时有种热血上涌的感觉，看着看着不觉呆住了。

站在一旁的李炯猛然大笑，使劲拉他的袖子，他这才回过神来觉得失礼，感觉像是在做梦，已然记不清眼前的这个美女是什么样子，只感到心怦怦跳得厉害，再也没有力气让自己平静下来。对面的清照跟堂兄打过招呼之后，带着侍女离开了，而他久久地站在原地不能行走半步，拉扯着李炯的胳膊问："哥哥，好哥哥，你能告诉我你妹妹的择偶条件吗？她想找个啥样的对象，你看我这样的行吗？你看我身高一米八，体型正好，面貌也对得起观众，在京城最好的学校念书，父亲是京官，家世也还算说得过去，你帮我试探试探令妹的想法，看我们能不能喜结连理，若能成，哥哥你的功德无量啊。"李炯看到赵明诚那激动的样子，早就乐得不行了，笑着说："行行行，我帮你问问。"

假期结束，赵明诚回到太学读书，碰到李炯的第一件事就是探听清照的口风，在得知清照并不讨厌他的答案时欣喜若狂，恨不能马上跑到李府去一睹才女的风姿。婚姻大事历来是父母之命、媒妁之言，怎么跟父母提才好呢？赵明诚是个儒雅的翩翩君子，自然不能与那些无赖的富家公子一样，回家打个滚、假哭几声，说看上了哪家的小姐，一定要娶进门才肯罢休。赵明诚是个有思想的人，他知道强扭的瓜不甜，所以先去打探了李家小姐词女清照的心思。

回到家中的赵明诚惴惴不安，怎么跟父母开口呢，他可着劲地琢磨着，前段时间父亲要给他介绍对象被他拒绝了，理由是以学业为重。的确，他的文学修养与聪明才智也不浅，想啊想，想啊想的，终于被他想到了一条妙计。一天吃早饭的时候，他跟父亲说起昨夜梦中的故事。他说："爹，我昨天做了这样一个梦，您帮我解一下是啥意思。梦里什么人也没有只有一个声音从远处传来，一声声的如洪钟般清脆。"这时他的父亲就问了："梦里听到什么呢？"赵明诚接着不紧不慢地说道："言与司合，安上已脱，芝芙草拔。"仅这十二个字不断地重复着。老爷子听完分析道："言与司合，就是言字旁加上司，是个'词'字；安上已脱就是安脱掉上面的部首为'女'字；芝芙草拔，即为芝芙去掉草字头，为'之夫'，合起来就是'词女之夫'。"分析完梦境后的赵挺之（赵明诚的父亲）看着儿子恍然大悟道："臭小子，原来是看上了文叔家的闺女，看在这跟爹转弯抹角的，我们二人同朝为官也算门当户对，他们家闺女博学多才的确是个不错的选择，这样吧，回头找个黄道吉日，我让人去给你提亲。"赵明诚听后兴高采烈，立马拜谢父亲的大恩大德。这就是后来汴梁盛传的那个神秘而有趣的"昼梦"的由来，实际上是赵明诚为了娶心仪的姑娘想出来的小把戏。

虽然父亲答应了派人去李府提亲，但是由提亲到成婚还有一个过程，就像现在从相亲开始，即使一见钟情到结婚也还有一个过程不是，可是这会儿我们的儒雅少年等不了了，找了个理由去李府拜见。赵明诚是太学的学生，李清照的父亲曾在太学教过书，所以学生去老师家拜访也是顺理成章的事。名义上是去看望老师实际上是去一睹清照芳容，虽然在相国寺有过一面之缘，但远远不能满足那颗澎湃荡漾的春心。而我们的词人清照听说未婚夫来了，连忙低着头跑开了，一面跑还一面偷偷地回头看两眼，在廊庭转弯处轻轻地闻梅花的香味，神清气爽。她的一首《点绛唇》就清楚地说明了这一点，我们从字里行间能感受到那种俏皮可爱与才华横溢。

点绛唇·蹴罢秋千

蹴罢秋千，起来慵整纤纤手。

露浓花瘦，薄汗轻衣透。

见客人来，袜刬金钗溜。

和羞走。倚门回首，却把青梅嗅。

最终有情人终成眷属。清照十八岁那年嫁给了二十一岁的太学生赵明诚，缔结了一段令当代后世艳羡不已的美好姻缘。他们终于结婚了，赵明诚再也不用找些理由去老师家中磨蹭着不肯走了。他们结婚时双方的父亲均为朝廷高级官吏，李清照的父亲仍为礼部员外郎，而赵明诚的父亲为吏部侍郎。夫妇二人虽都为"官二代"，但因"赵、李族寒，素贫俭"，结婚之后依旧保持着淳朴自然、节俭潇洒的良好习惯。每月的初一、十五，赵明诚便请假到相国寺去购买碑文拓本，还不忘给爱妻买回一些她喜欢吃的干鲜果品；闲暇的时候二人一起填词作诗、共同欣赏把玩器物、珍本；那段时间夫妇二人时常"相对展玩咀嚼"碑贴，古老神秘的碑文，将其带到遥远的上古时代，带给他们一种特有的文化艺术享受，使他们仿佛置身于无忧无虑的远古时期，因而像陶渊明一样，也"自谓葛天氏之民也"。葛天氏都是上古帝王，传说在他们的治理下，民风淳朴。

陶渊明以上古帝王之民自比，体现出自己也像他们一样不追求功名利禄，只渴望恬静自由闲适的田园生活。在这期间清照感受到了无限的幸福，从她的"造化可能偏有意，故教明月玲玫地。共赏金尊沉绿蚁，莫辞醉，此花不与群花比"、"何须浅碧轻红色，自是花中第一流"等明快喜悦的诗词里就能看出这一点，看来这正是词人当时优雅富足的生活写照，当然也含有某种卓尔不群、自命不凡的成分。

没过多久，赵明诚毕业了，虽然没有参加科举考试但是因为父亲的缘故做了个小官，有了独立的经济来源。夫妇二人依然过着非常朴素的生活，并一致决定即使穷困潦倒也要寻遍天下的古文碑拓。赵家虽然藏书丰富，但对于李清照、赵明诚这种好学、善记的人来说是远远不够的。于是他们通过亲朋好友，想方设法把朝廷馆阁收藏的罕见珍本秘籍借来"尽力传写，浸觉有味，不能自已"。遇到不多见的名人书画，古代奇器，更不惜把衣服当了来买。然而，他们的力量毕竟有限，赵明诚的俸禄不过区区一万文多一点。一次，有人拿了一幅南唐画家徐熙的《牡丹图》求售，索钱20万文。他们留在家中玩赏了两夜，爱不释手；但是，又实在没有这么多钱，只好恋恋不舍地还给了人家。为此，"夫妇相向惋怅者数日"。新婚后的生活，虽然清贫，但高雅平静，充满了幸福和乐趣。

夫妻情趣

夫妻之间有着共同的生活情趣是婚姻得以持久和谐的重要保证。就像交朋友，如果彼此之间志同道合，那么其友谊则很容易地久天长。如果本身两个人就有很多的分歧，又不能求同存异，彼此之间都想占个上风，不知道妥协的意义，不懂得忍让的善意，友情很容易在这种情况下消失殆尽。

赵、李二人都喜欢接受新事物，对读书的浓厚兴趣比对待生活中的其他事情显然要更加上心。就拿二人屏居青州的那段时间来说吧：

当时朝廷中政权更迭、明争暗斗的情况连绵不绝。据说赵挺之死后，蔡京又做到了丞相的位置。蔡京上位，使赵家落入艰难的境地。赵挺之死了，他的儿子在官场中不成气候，很容易被蔡京打击报复。这不，蔡京随便找了件什么坏事安在赵家人头上，虽然没有证据但是作为犯罪嫌疑人也是要锒铛入狱的。后来经过查实，纯系子虚乌有，赵家的人得以释放，但是得益于父亲荫庇的官却丢了，眼看京城已没有什么值得留恋的地方，或者说在京城还不知会受到人家什么样的打击报复，不如趁早离开，于是赵明诚带着李清照去了青州隐居。

在这件事上，清照是十分赞同的。男人一旦有钱有势就容易变心，并且深处政治的旋涡，人情淡薄。不然父亲李格非在被划为元祐党时，有实权的亲家赵挺之就不会袖手旁观了，清照回到日夜思念的丈夫身边时也不会受到赵府的冷眼了。想到这里，她还是觉得平淡的生活对他们来说是件好事。当然在那个年代，只有丈夫能够休掉妻子，若妻子离开丈夫则会被冠以爱慕权贵、贪图荣华富贵的不忠不洁之人。

二人到了青州之后，相濡以沫，终日与书、茶、珍本、碑刻为伴，不亦乐乎，如是在此幸福的生活了十多年。到老回忆起来，清照仍然觉得这是婚姻生活中最幸福的时刻，虽然日子清贫却幸福和睦并有所成。清照不但情愿"夫唱妇随"，还念念不忘这段读书生活，巴不得能这样"终老是乡"。这对于处在逆境中的丈夫，无疑是一种深深的安慰和感动。

青州应是赵挺之的老宅，他在职期间曾禀明圣上要回乡休假，无奈整日忙于公事，忙于怎么当官而始终没有成行，没想到在他死后，他的小儿子带着词女妻子回来了。二人此次回到旧居，并不是什么衣锦还乡而是有点避难的味道。这里的避难并不是逃避战乱而是躲避迫害，或是在京城混不下去了，正好回归乡里做学问，或许做官对他来说未必是件好事。

回到青州的夫妇俩看着周围的一切心情平静，有一种尘埃落定的感觉。特别是李清照，她指着不远处的房子问："那是书房吧？我们得给它起个好听点的名字，夫君觉得呢？"这时赵明诚点头表示赞同。接着清照开始琢磨，没过一会儿，她说就叫"归来堂"吧。一来我们也算回归故里，人总是要落叶归根的，对吧，咱回来了也算人生中功德圆满一件；二来五柳先生在《归去来兮辞》里表达了归隐后的种种闲适快乐，相信我们夫妻二人一起努力会比他老人家更幸福、更快乐的，也代表着咱们隐居乡里，过一番恬静的田园生活；三来嘛老师晁补之被免官回金乡闲居时写了一篇名为《归来子名绢城所居记》的文，让清照深有感触，对老师的那种自由闲适所吸引。陈述完这些理由之后问丈夫赵明诚意下如何。赵明诚当然觉得不错，虽然心里有点不甘，但是官已经被罢了，不甘又有何用？何不沉下心来做学问，研究他的那一套金石文化，况且青州有着悠久的历史和浓厚的文化背景，想必在这里一定会大有收获的。想到这里，他的内心又多了一丝丝安慰。

青州，在古代是《禹贡》"九州"之一，从大禹时代就有了；特别是在北宋时期，青州为京东东路首府，当时辖七州三十八县，是北宋大郡名城。虽是隐居但也不至于在什么偏僻的小山村种粮养鹅，不管生活条件还是考察探寻古迹都是十分方便的。青州古城还是古齐国的腹地，是古老的文物之邦，丰碑巨碣，所在多有，三代古器，时有出土。赵明诚夫妇在当地收集到《东魏张烈碑》、《北齐临淮王像碑》、唐李邕撰书《大云寺禅院碑》等一大批石刻资料。益都出土的有铭古戟，昌乐丹水岸出土的古觚、古爵，陆续成为他们的宝藏。

有一天，赵明诚外出寻找古代碑刻，清照在家无事可做。转眼一想有了可供欣赏的器皿物件，有了有名堂的书房还得有个雅号才是。她想起老师晁补之被免官回乡之后建起了"归去来园"，园中的亭、堂、轩、榭都以《归去来兮辞》中的词语命名，自己也取名为"归来子"，简单地说就是回家的孩子，从此过着农耕闲读饮酒作诗的恬适生活。清照受老师的影响，也出于对老师的尊重，当然主要的还是听从她内心的声音，对陶渊明的《归去来兮辞》也是十分喜爱，对里面提到的诗句也好生活也罢也是相当的羡慕与向往。于是她欣然步老师的后尘，取义于"倚南窗以寄傲，审容膝之易安"之句，定字号为"易安居士"。显然，"易安"二字有容易安于的意思，能够面对复杂的变化，能够适应不断出现的新局面；而"居士"二字有隐居的含义也有道的思维在里面。人们最害怕的就是变化无常的世事，需要不断地去适应去化解。有的人能够直面困难，安于生活的变换；有的人在这种变化中苦不堪言，更别谈幸福，所以对于不断变化的人生，如何面对也是一种道，审视李清照的一些遭遇，细想来，"易安居士"四字对于她是十分贴切自然的。

对于一般的"官二代"来说，过惯了好日子，突然要跟丈夫过穷日子，而丈夫的心思大都在碑刻古迹上，怎么还有喜欢这样的生活到老的理由呢？这就要说到他们的生活情趣了。夫妇二人都是读书人，他们又不同于一般的读书人，整日只是为了出仕做官。他们读书是为了乐趣，为了满足一种心灵上的自我感受。古代的女子无论才华再怎么出众也只能待在家里，而没有做官的资格，所以读书对于李清照来说是一种爱好而不是带有某种目的。爱好读书的人总是感觉自己读的不够，喜欢接触新鲜的未曾了解过的知识。赵明诚读书从来也不是为了做官，不然他也不会不去参加科举考试，就算参加考试也不一定能考得中。因为他的心思根本没在考试做官上面，而是在那些古迹、碑刻、稀有文物上面。对于他的这种爱好，清照是支持的。有时候发现好的有价值的东西没钱买，明诚会把衣服当掉，用换来的钱把东西买下，拿回家夫妻二人细细欣赏、仔细把玩。这种共同的爱好是一般人学不来的，而这种教学相长、相辅相成的默契也是一般人所学不来的。

如果换做他人做媳妇，或许早就把赵明诚骂得狗血喷头了。头顶上的那小小乌纱帽丢了，为了生活回到老宅，都落魄成这样了还有心思鼓捣那些几百年前死人的东西，饭都吃不上了还把衣服当掉买那些不当吃不当喝的玩意儿，是不是不想过了？惹急了估计那妇人会拿两把菜刀插在腰间以示警告，可是什么事都是有可能发生的：如果妻子不是李清照。李清照之所以支持一方面是因为自己也喜欢接触这些古代的东西，从中发现历史，回顾历史，走进历史，从而使自己的知识更充实丰满；另一方面作为文人的她知道兴趣爱好对一个人意味着什么，那是一种精神支柱，是一种内心的满足感。现实生活已经让丈夫低落了，如果连他最喜欢做的事情也要剥夺是不是太残忍了？何不一起来做这件有趣又有益的事情呢？

她是这么想的也是这么做的。每当丈夫找到新奇的东西都急忙地跑回家跟妻子一同分享快乐，而丈夫找回来的东西，妻子也会帮助他一同校对、分类、保存好。在那段清贫的日子里，他们相互支持相互理解，整日节衣缩食，搜求金石古籍，治学研文，共同度过了一段平生少有的和美岁月。李清照在《金石录后序》中对此做了较为详尽的叙述："后屏居乡里十年，仰取俯拾，衣食有余。连守两郡，竭其俸入，以事铅椠。每获一书，即同共勘校，整集签题。得书、画、彝、鼎，亦摩玩舒卷，指摘疵病，夜尽一烛为率。故能纸札精致，字画完整，冠诸收书家。"

在青州隐居的时候，夫妻二人年纪都不大，从二十多岁到三十几岁的十多年间，整日相对治学，默默无言多无趣啊。于是古灵精怪的女词人又突发奇想寻找乐趣，后来她的新奇发明还成了专利，对宋朝的茶文化起到了传播的作用并做出了创新的贡献。

既然是对茶文化有所贡献，其乐趣肯定与茶相关了。原来啊，我们的俏佳人清照在跟丈夫一起治学著文治学的过程中，对自己博闻强识的功夫特别自信，于是她忽发奇想，推行一种以考对方经中典故知识为主的茶令，赢的人可以先饮茶一杯，输的那个人则后饮茶，与酒令大相径庭。

自从想到这个有趣的游戏之后，两人每次吃完饭就坐在"归来堂"中，煮好茶，然后一人指着成堆的书籍考另一个人，问其中的某个典故出自哪本书的第几卷、第几页甚至第几行，以是否答对来决定胜负，并确定谁先饮茶。李清照原本就有博闻强识的本领，不然也不会自负到玩这种游戏以验证自己的记忆成果。因此，两人在行茶令中获胜的一般都是李清照。有一次她又赢了，一边得意地夸自己一边跟丈夫赵明诚打闹逗趣，结果得意忘形，忘记手里还有一杯未饮的茶，于是"乐极翻杯"，整整一杯茶全倒到了自己身上，非但"头口水"没得喝，还连累了一身衣裙。

后来她在《金石录后序》中这样描述道："余性偶强记，每饭罢，坐归来堂烹茶，指堆积书史，言某事在某书某卷第几页第几行，以中否角胜负，为饮茶先后。中，即举杯大笑，至茶倾覆怀中，反不得饮而起。甘心老是乡矣！故虽处忧患困穷，而志不屈。于是几案罗列，枕席枕藉，意会心谋，目往神授，乐在声色狗马之上。"

这说明夫妻二人的乐趣高雅而有益身心，清照更是在这种生活里乐此不彼，望及终老。饮茶行令，启智助学，使人兴奋，对著书立说大有裨益。试想一下，每次行令猜题，输的一方自然不甘心，一方面重复认真阅读以便记忆，也就是说通过这种小游戏激发了人的好胜心，而这种好胜心是基于增长学问知识之上的。赢的人自然也是兴奋不已，这次赢了下次还想赢，对待书目典故亦是十分用心，我们不能不说这个游戏给了人以无限的激情和收获。茶与酒不同，茶能够促使人更加清醒，而酒则容易令人智昏。得益于种种乐趣与博学，赵明诚终于写出了我国第一部考古专著《金石录》，成为考古史上的著名人物。

赵明诚曾在李清照 31 岁时写道："清丽其词，端正其品，归去来兮，真堪偕隐。政和甲午新秋，德父题于归来堂。"简单的几个字将清照的词风、人品、生活乐趣囊括其中。

自从李清照发明了这个专利之后，茶令在宋代开始盛行。经常有三三两两的人聚在一起，煮水烹茶，对一些诗词碑刻品头论足然后排出名次。宋人唐庚曾在《斗茶记》中写道："二三人聚集一起，煮水烹茶，对斗品论长道短，决出品次。"文人尤其喜欢这项游戏，斗茶由论水道茶变异出一种新的形式和内容，即行茶令。这不能不归功于李清照及他们夫妻的隐居生活。《中国风俗辞典》有这样一段叙述："茶令流行于江南地区。饮茶时以一人令官，饮者皆听其号令，令官出难题，要求人解答执行。做不到者以茶为赏罚。"可见，夫妻二人在隐居期间诗词唱和、怡然自得；李清照在"酒阑更喜团茶苦"的生活中，独创了一种我国特有的妙趣横生的茶令。

南宋王十朋有诗道："搜我肺肠著茶令。"其自注云："余归，与诸子讲茶令，每会茶，指一物为题，各举故事，不通者罚。"茶令之行极大地丰富了中国茶文化，想必这里面有赵、李夫妻二人的汗马功劳吧。

情深意笃

赵明诚钟爱于古玩字画、古迹碑拓，用今天的话说就是非常喜欢考古和文物。这些东西不像书本随手可得，它们需要去寻找，去一一走访，以便考察是否就是自己所喜欢的所想要的东西。这件事情需要付出很多的时间与体力，李清照能接受吗？

赵明诚结婚后，对这种金石古物收藏的兴趣愈发浓厚了，于是有了新婚不久便负笈远游的行动。作为刚结婚不久的小媳妇，丈夫要离开自己一个人去外地考察了，心中自然是有万般的不舍，但是又没办法阻止，对于他来说，毕竟那是他的事业和毕生追求。君子不夺人所爱，更何况封建社会听命于丈夫的妻子呢？

丈夫就要出门了，万般的不舍和无奈情绪涌上心头。丈夫走后就自己一个人了，可怎么办是好呢。于是自从听到丈夫远游的消息后，清照一直辗转反侧不能安睡。

在一个月圆星稀的傍晚，丈夫跟朋友出去喝酒了，清照独自一人朝院中的湖心走去。到了湖边，一片的荷塘月色呈现在自己面前。前几月，还跟丈夫在此乘舟赏荷，月下对饮、诗词唱和好不欢乐，可是转眼间他就要远行了，只剩下她孤零零的一个人对着这满池的秋色，亘古流觞。想着想着不觉两行热泪滚滚而下，这时的她也顾不得擦拭，提起裙摆就一个人上了小船，用力地朝湖心划去，那里曾经有他们温暖而甜美的记忆。

清照人小力气也小，等划到湖心的位置已是满头大汗了，晚风吹来，顿觉丝丝寒冷。她轻轻采撷湖中的水仙，一朵一朵。然后一瓣一瓣地将花洒向湖中，看是否丈夫有不走的可能。湖中倒映出一只大雁，环顾四周并没有大雁的身影，抬头望去，原来是一片形状像大雁的云彩。于是她痴痴地望着云呢喃道：这是谁寄来的家书呢？也是像我一样的女子寄给远方出游的丈夫的吗？她也同我有着一样的心情吗？不然为什么连天上的云都甘心为她带话为她当邮递员呢。说着说着，云朵掠过她的上空朝远方奔去，这时才发现没有了云朵的遮蔽，月亮是那样的圆，星星是那样的明亮。想来云朵姐姐也是为了解别人的相思之苦才甘愿在这样一个举家团圆的日子里为她们送信的吧。远处的楼亭因为月色的笼罩，氤氲而充满淡淡的暖意。低头看水中飘零的花瓣，一片一片不肯散去，相思之意更加浓烈，无法消除。

本想着通过转移注意力的方式来缓解，无奈眉角的愁刚刚散去，因愁容而褶皱的双眼刚刚舒展开来，那浓重的愁情又上了心上，令人喘不过气来。夜深了，赵明诚跟朋友聚会散后回到家中，怎么也找不到妻子的身影。问及丫鬟，说是朝湖心的方向走去了。赵明诚不觉有一点担心，文人多敏感，别出什么事了。

于是他三步并作两步朝湖心奔去，他自然知道妻子所处的大致位置，于是划着小舟快速朝湖中奔去。远远地看到湖心的那个身影在低头叹息，远处的花瓣飘来，他顺手拾起其中一二朝妻子划去。他的出现并没有令清照过于意外，见到他只是轻轻地说道："回来了，玩得好吗？"赵明诚点点头，内心有种不是滋味的苦涩，没办法，人在官场身不由己。于是跳上妻子的船，朝岸边划去。

回到家中，虽然夜色甚浓但是夫妻均没有倦意。于是，丈夫赵明诚收拾准备远行随身携带的一些书籍，而妻子李清照则在灯下涂涂写写。一会儿的工夫，李清照的笔就落下了，情深意笃地递给丈夫一首新词，并说道："不许笑，要认真严肃对待。你走了以后一定要经常给我写信，不然我会整天对着天上的云发呆，以为是你寄来的家书。"赵明诚翻开纸笺，只见一曲《一剪梅》映在眼前：

红藕香残玉簟秋，
轻解罗裳，独上兰舟。
云中谁寄锦书来？
雁字回时，月满西楼。
花自飘零水自流。
一种相思，两处闲愁。
此情无计可消除。
才下眉头，却上心头。

他明白了自己的重要，了解了妻子的不舍，但是他并没有改变出行的主意，毕竟那是他的追求，只是沉重地点了点头。

元伊世珍曾在《琅嬛记》卷中写道："易安结婚未久，明诚即负笈远游。易安殊不忍别，觅锦帕书《一剪梅》词以送之。"以词来抒写相思之情，这并不是什么新鲜的题材，但李清照这首《一剪梅》以其清新的格调，女性特有的诚挚情感，丝毫"不落俗套"的表现方式，给人以美的享受，显得越发难能可贵。我们仿佛看到了那一幅美丽的荷塘月色，看到了那一张纯真而满目愁容的脸以及坚定而清澈的眼眸。

丈夫按照计划远行了，只剩下清照一人在深闺中百无聊赖。眼看着日子一天一天过去了，丈夫的归期还不知是在何时。

窗外的景色一天天变化着。如今在春风的吹拂下在春雨的滋润下，残余的冬雪已经渐渐融化。柳树开始发芽，梅花开得正艳，像极了一个羞答答待出阁的姑娘。大地回春，外面的天空充满了春的气息，让人不觉地想出去走一走。

可是这么好的天，谁来陪我一起去呢？想着想着不觉泪流满面。她想起也是这样的天气，那时却是丈夫陪在身边。一起赏花折柳吟诗作赋，好不快乐。如今丈夫外出未归，好天气好花却无人共赏，想着想着，又斜靠在了那个硬硬的檀枕上，以致把精美的钗头凤都给压坏了。可见，丈夫不在身边，生活是多么的寂寥慵懒，什么都不想干，哪怕只是去院子里走走、晒晒太阳，感受一下春天的气息。百无聊赖的词人所做的，只是整日足不出户的混混沌沌。醒来的空虚令人难过，本想着多睡一些时候，以便能在在睡梦中与丈夫相见，可惜的是相思的情太深，愁意太浓，以至于睡不好更别提做个好梦了。睡不着怎么办呢，只是胡思乱想着发呆，半夜里睡不着还在那里一点一点地剪着灯芯。

在这期间，李清照用一首《蝶恋花》言简意赅又恰如其分地表达了自己的心情与感受。

蝶恋花·暖雨晴风初破冻

暖雨晴风初破冻，柳眼梅腮，已觉春心动。酒意诗情谁与共？泪融残粉花钿重。

乍试夹衫金缕缝，山枕斜敧，枕损钗头凤。独抱浓愁无好梦，夜阑犹剪灯花弄。

从字里行间所表达的内容和情感来看，这首词应写于词人新婚不久，丈夫远游，李清照独居时。

上阕"暖日晴风"、"柳眼梅腮"、"觉春心动"层层递进又相互补充地将春的到来描写得生动而形象。面对良辰美景，人的内心难免感怀，于是想起夫妻曾经共度的美好时光而模糊了眼睛。词人细腻而敏感的思绪与感悟进一步强化，一个"谁与共"，道出此刻词人内心的苦涩。过重的苦涩将眼睛呛红，热泪涌流满面。

下阕词人从细微处着笔，紧接上阕的思绪着重刻画了自己深闺寂寞中的具体生活。"乍试夹衫金缕缝，山枕斜敧，枕损钗头凤。"窗外的美景与窗内人的心情形成强烈的对比后，一个"损"字将词人那种烦闷慵懒的心情凸显出来。正是因为没心情走出来才导致钗头凤被压坏的。"独抱浓愁无好梦，夜阑犹剪灯花弄。"这两句被清词论家贺裳评为"人神之句"。看似毫不经意实际上是精心锤炼的，不然很难恰如其分地描绘出这么生动而细致的形象。愁本来是无形的，这里词人却将其形象化，深深地抱着它来显示那种欲罢不能的境况。放不下的浓愁只好来"夜阑剪灯花弄"。古时候的灯多为煤油灯，灯芯剪一下能使灯光更亮。古时候的妇女还常常通过剪弄灯火的方式来预测丈夫的归期，在这里想来我们的女词人一来想通过占卜丈夫的归期来打发时间。二来希望剪着剪着明亮的灯火能将丈夫引进家门。

　　人的一生不可能只在一种情绪里度过，词人亦是如此。她深知慵懒颓废的生活不能一直这样下去，不然丈夫回来后会被自己蓬头垢面的形象所吓倒。丈夫虽然外出了，她还有书可以读，还有景可以欣赏，不同的只是多了一层期盼。于是，重新整理思绪，看着窗外的春景，一面煮茶一面著述，努力让自己神清气爽，等待丈夫回归。《小重山》在此期间横空出世，没想到它竟成了这期间夫妻情深意笃的证据。

小重山·春到长门春草青

春到长门春草青，江梅些子破，未开匀。

碧云笼碾玉成尘，留晓梦，惊破一瓯春。

花影压重门，疏帘铺淡月，好黄昏。

二年三度负东君，归来也，著意过今春。

　　这首词虽然也是在独居时写的，但不同与以往的愁闷孤寂。它像是一个故事由词人娓娓道来的平铺直叙：门前的草已经开始绿了，江梅也已经开始三三两两地开艳。这么多天了，你还没有回来，我告诉自己不能再继续苦闷下去了，应

该打起精神来以便迎接你的回归……

字里行间流露出对丈夫的热情呼唤，渴望能跟丈夫一起欣赏春花、春色。语句简洁而率真，表现出词人一贯不假雕饰的自然风格。

"春到长门春草青"，字面的意思是说春天已经到来，阶石下的小草开始返青，隐含的意思则是春草已青而远行的人未归。"江梅些子破，未开匀。"是指梅只有三三两两的嫩蕊初放，还没有全部开遍，此时也正是赏梅的好时节。"些子"，就是一些、不多的意思。以上三句突出写春色尚早，目的是要引出"归来也，著意过今春"，即快回来吧，我们一起欣赏这春草、春梅、春意吧。

一杯清茶令残留在心上的梦意全消，说是全消实际上是隐藏了起来，因为梦与思念有关。既然要在白日里整理思绪，自然是将夜幕下的感触隐退。渐渐地，日落西山。窗外的梅因为夕阳的缘故，影子留在重门上显得格外厚重。月亮渐渐升起，月光洒在窗帘上留有淡淡的余韵，一天就这样过去了。因为种种缘故，我们已经有两年三个春天没在一起度过了（农历遇闰年，常有重春现象，就像现在有时候一年有两个立春）。快回来吧，让我们一同欣赏并倍加珍惜这春的大好时光！末尾这一强烈而直白的诉说将内心的期盼表达得淋漓尽致，也将这首词的情感推向高潮。

第二章

多舛命运

政治风云

　　纵观历史，政治斗争是历朝历代都不能幸免的灾难。也正因为政治斗争的存在，身居万人之上的皇帝能够在其间随意游走，通过他们相互之间的攻讦来牵制对方，从而保证皇帝的自身利益。俗话说：覆巢之下无完卵，国家风雨飘零，里面的小家又怎能获得太平日子呢？

　　宋朝，新旧两党的斗争尤为厉害，其结果也是不言而喻的。既然是政治斗争，就会有牺牲的一方，但是如果一方彻底失去根基，那么江山也就岌岌可危了。最好的办法是打一棒子给个甜枣，不是针对于某一个派别而是对二者在宏观方面都给予平衡，从而效忠皇帝。

　　自王安石变法之前，宋朝改革派与守旧派之间的斗争就异常激烈。随着统治者的喜好与偏向不同,两党的势均力敌也在此起彼伏中不停地变化。

元祐是北宋哲宗时的年号,从 1086 年至 1093 年。哲宗继位之始只有十岁,由太皇太后高氏听政,宋哲宗元祐八年(1093 年),在宣仁太后主导下,致力于恢复祖宗旧制,任用司马光、苏轼等,废黜王安石新法,前后历时九年。支持变法者被称之为"元丰党人",反对变法者被称之为"元祐党人"。从此宋朝进入了党争的泥沼,不能自拔。

李格非只是一名小官吏,并不参与祖宗法制的创新与决策。他只是读自己的书,做自己的学问,当自己的小官吏。后因他的文采出众被当时身处高位的苏轼所欣赏,并与苏轼的四大弟子在文学上教学相长走得很近。有了苏轼的这层关系,李格非的仕途走得异常顺利,由官太学录,再转博士、官大学正,直至礼部员外郎。

李格非以"文章受知于苏轼"及与苏轼的弟子走得很近而被划为苏轼一派,也就是元祐党了。现在想来受知于苏轼的文章可能是整个行笔也可能是其中的某一篇。若只是因为某一篇开始引人注目的话,想必非《洛阳名园记》莫属了。《宋史·李格非传》云:"尝著《洛阳名园记》,谓洛阳之盛衰,天下治乱之候也。"可见李格非在对洛阳名园叙述时将其盛衰与天下的政治局势密切相连,并得到部分士大夫的认可。

原以为受知于苏轼之后能够倚棵大树好乘凉呢,可惜好景不长,遵循祖宗法制的太皇太后驾崩,宋哲宗掌握政权。他与其祖母不同,主张新法。于是起用新党章惇、曾布等,贬斥元祐大臣吕大防、苏轼等数十人。新上任的宰相章惇,开始着手编制元祐党的成员名单以便打击报复。在此过程中他曾召李格非做检讨，但是被李格非拒绝了，这样一来就违背了长官的意志。李格非与苏轼走得很近，虽然自己并未加入任何派别，但是在苏被贬之时，面对对立面的拉拢毫不动心，于是被划为苏轼一派，被降职到地方上当通判去了。

李格非哪里是跟苏轼一派呢，只是看着对曾经有恩于自己的人遭贬，自己不能见风使舵，他的这种行为只是内心上的一种品质在作怪。过了一年，李格非被召回京城，后因为工作中的卓越表现升任为礼部员外郎。

可惜好景不长，宋徽宗继位以后面对朝廷的现状有诸多的不满。不满的原因之一在他认为是改革没有走下去，创新之法没有完成。想到这里不免对保守党有所憎恨，对元祐年间受到重用的大臣加以惩处，对已经不在人世的元祐党重臣一一追贬，对还在朝廷为官的元祐党人一贬再贬，一撸到底。清照的父亲李格非曾受到苏轼赏识，遂被列入"元祐奸党"名单，由礼部员外郎降为京东提刑。要么怎么说风云变幻呢，两个月又过去了，徽宗对元祐党的憎恨有增无减。崇宁元年（1102年）九月，徽宗亲自书写元祐党人名单，并御书刻石端礼门，以儆效尤。不幸的是我们倒霉的李格非大人再次榜上有名，连京东刑狱的官职也被罢免了，只得回章丘明水老家。

对元祐党人大肆打击迫害，势必对"元丰党人"大大提携。这一年，徽宗起用蔡京为相。就在父亲被革职的当年，李清照的公公赵挺之被任命为尚书右丞，八月被任命为尚书左丞。在宋朝，尚书左丞佐尚书令，总领纲纪；右丞佐仆射，掌钱谷等事，应属正四品。官不算大但也不算小，更何况现在还是皇帝的宠臣呢。对于那个倒霉的亲家，想必能够拉一把使其不至于掉得太到底吧。面对父亲的境况，新婚不久的清照着急了，为救父亲上诗她的公公赵挺之说："请看在父女的情分上，救救他吧，不要让这满腔的热血化为灰烬，他是无辜的，他只是个文学爱好者。"可惜，她的这份心情并没有被赵挺之放在心上。

我们不妨想象一下，即使赵挺之在对待李格非的事情上能够帮一把也未必会出手。如果不牵扯自己的利益，或许会背地里拉李格非一把。这里所说的拉他一把并不是让他官复原职，只是不至于受到过重的责罚。毕竟是亲家，何况李格非就是个书呆子。官职一直不高，也从来没对自己对改革派造成什么威胁。

随着对元祐党打击的程度上升，赵挺之的官也是越做越大。但我们的词人李清照却也未能幸免于难。朝廷颁布了一道法令，禁止元祐党人的子弟在京城居住，皇室不得跟元祐党的子孙有婚姻亲戚关系，订婚还没结婚的令其退婚改正。清照被遣离京，不得不投奔上年回原籍的父母。

又一年过去了，崇宁四年（1105 年），赵挺之官拜尚书右仆射兼中书侍郎，也就是宰相之职。为了避免蔡京嫉妒，赵挺之托病辞去右仆射的位子。蔡京不是傻子，当然知道里面的含义，对后来赵挺之给三个儿子分别安排的职位并没有进行干涉。清照对这个身居高位却袖手旁观的公公写道："炙手可热心可寒"，来抒发她为党祸株连而得不到公公救援之感慨之情。

朝令夕改是朝廷的一大特色。对元祐党人的打击迫害使朝廷失去很多人才。崇宁五年也就是 1106 年正月，大赦天下，李格非开始重新被朝廷起用。随着《元祐党人碑》的被毁，对元祐党禁令的解决，这场新旧两党的政治斗争告一段落。同年二月，蔡京的左仆射之职被拿掉了，赵挺之特进尚书右仆射兼中书侍郎。也就是说在朝廷打击元祐党时蔡、赵两人也一直在斗争在博弈，为取得首席丞相一职从来没有间断明争暗斗。大观元年（1107年），蔡京的丞相之职又恢复了，赵挺之的首席丞相之职被罢免了，五天之后抑郁而死。

人都死了，按说蔡京的相位得到巩固，可以说高枕无忧了。但是对待曾经的对手，他显然怀恨在心。在赵挺之死后的第三天，他就以其包庇元祐党人为罪名将在京城的赵氏人员一并关进监牢。这突如其来的诬陷，使这位"清宪"丞相，不仅在其谥号中没能混上个"正"字，他最终还是被"在其傍"的、犹如政治"黄雀"的蔡京之流所算计。后来经过查实，蔡京所奏赵挺之包庇元祐党人一事纯属子虚乌有，赵氏家族出狱，但是因其父去世，他们的官也都被免了，只好流落他乡。

难言风月

相爱的人分隔两地，最难忍受的莫过于思念之苦。一日，清照思念丈夫心切、难耐，心想既然这相思之苦这么难熬，何必不去看望她？于是收拾起简单的行囊偷偷回到了汴梁的宰相府邸……

或许你会问了，怎么回自己的家也要偷偷的吗？这里就要牵扯到政治斗争了。

清照的父亲李格非被划为元祐党，朝廷政权更迭，党派斗争此起彼伏。李格非被罢官，李清照也受其牵连被逐出汴梁，新婚夫妇被拆散，对他们来说都是巨大的考验。随着时间的推移，党派斗争逐步缓和，清照就是在这时候偷偷溜回汴京夫婿家中的。

可惜，回到宰相府邸中的她并没有受到大家的热情接待，丈夫赵明诚也没有表现出离别后再见的欣喜与狂热，清照敏锐地觉察到她是这里最不受欢迎的人后，黯然离开这里去了出嫁前在汴梁住过的"小阁"。

为什么赵明诚也没有表现出应有的热情呢？或许他受到了父亲的告诫，父亲所在党派正是岳父的对立面，并且岳父的落寞有父亲的"汗马功劳"。赵明诚是什么人啊？读书人，是最注重孝道的，或许在他认为妻子清照的离开是件好事，至少能保全自己的婚姻，想到这里新婚的喜悦与思念就香飘甚远了。加上他有他的兴趣爱好和追求，不会出现时光漫长的苦闷，男人嘛，妻子不在身边，或许还乐得个逍遥自在呢。当然，这并不能说明他不爱李清照，也不能说明夫妻感情不好。还有一种情况是赵明诚外出寻宝去了，仔细想来这种情况的可能性较小，为什么这么说呢？妻子落难之时他不能在身边爱护已是有些说不过去，相隔千里怎么可能没有书信呢？如果远行一定会告知妻子，而清照思夫却是直奔京城的相府，想必他定是在相府继续他的研究事业了。清照的出现先是让他一惊，接着可能把妻子拉到僻静的地方用略带惶恐而不是惊喜的语气问："你怎么来了？"现在我们所做的历史还原并不一定正确，却是能从词文中解释得通的。诗词原

本就是作者有感而发，感从何来呢？一定是有些故事在其中的。

回到小阁中的清照，面对熟悉的环境，回想当年的情景，悲从中来。院子还是当年那个院子，然而物是人非，此时与彼时的心情也是完全不同了。想当年在这小阁中，她充满了对未来的期待，憧憬着美好的爱情，向往着美好的婚姻生活。那时她会想：我的夫君会是个什么样的人呢？嗯……不需要满腹经纶但是一定要有才情，能跟我吟诗作赋，不能跟我差太多，不然没有共同语言；个头嘛不能太矮，我是找丈夫不是找倭瓜；年纪不能太大，体型不能太胖，人格不能太坏，最主要的是对我要情有独钟、一心一意，不能朝三暮四也不能对我忽冷忽热，不能不了解我的心思不懂我的情意，也不能经常丢下我一个人不闻不问不思不念。

那个时候的天空是湛蓝的，风是柔和的，云是软绵绵的，亲手种下的梅是鲜活的，窗外的景色是引人注目的，春天时时刻刻在向屋内的人招手，偶尔从远处传来的笛声也是欢快明亮的。总之，整个人的身心都轻盈绵软、明亮舒适。

可是这才几年的工夫啊，刚结婚没两年父亲落难，夫家却视而不见，能帮一把不帮，躲得远远的，就连那日夜思念的丈夫也没有对这个憔悴消瘦的妻子给予应有的安慰和热忱。大老远地跑来，热脸却贴了冷屁股，怎能不伤怀呢？清照是何许人也？从小聪颖清丽，文采出众，一直是在一片赞扬与关爱中成长的，如今虽父亲落难，但人却不能低三下四半点，清高而纯净的心不允许被迫害与玷污，自尊丝毫不容被他人践踏。

可是女人毕竟是女人啊，封建社会女人只能处于闺阁之中绣绣花、相夫教子。而不能到处去溜达，不像现在想去哪就去哪，男女平等，那个时候的封建条例对女性要求是很多也是十分严格的。除了父母就是夫婿，所以此时的清照从父母处来，在夫婿家没有受到应有的礼遇只好回到曾经居住过的小屋中，留在夫婿家中只会授人以柄，毕竟当时朝廷对元祐党人子女不得在汴京居住的条令还没有彻底废除。史料中只是记载当时清照回到相府后遭遇冷漠的对待，具体怎么个对待法我们不得而知，当然这种日常生活中的小事也无从考究，只能任我们自由畅想。

重回小院，此时的小院是什么样的呢？清照仔细地打量着周围的一切，因为心情的缘故，眼里的心里的所见所想自然多了份伤感的情愫在里面。这时的天空是略有些低沉的，太阳已经西斜，一条幽深静谧的小路，旁边站满了花草，没有一丝风的叨扰，都在那安安静静地伫立着迎接主人的到来，花的尽头是主人的闺房，窗边落满了灰尘，淡白的天空仿佛一下子定格在了这个时刻，春天就在这个院子里枝繁叶茂，主人当年亲手种下的江梅已经长大了，并日益显得壮硕，看满庭碧翠也无需登楼望远叹气惆怅了，纵然"春心"再荡漾再失落也不能表现得太直接太奔放，女子的矜持还是要有的。

只是看着这日益健康成长的江梅突然间一股悲伤的情绪占据全身，看到满树的花开，不仅自言自语道："即使开的再美开的再持久，也终于会迎来风雨迎来凋零的那天的。"词人正沉浸在这种落花的悲凉情绪中，突然转念间略有释然，凋零又怎样？没落又怎样？至少它把全身的香气留在了那个季节里，满身的傲骨留在了庭院里，一生的高洁清韵留

在了我的眼底心里。不管有人欣赏还是无人观看，它都保持着自己的性格保持着自己美好的品质，相信总有一天会香飘四溢会情满人的眼底，我也应该有这样的坚持才对。于是，满腹的情思跃然纸上，做了这首《满庭芳》。

满庭芳·小阁藏春

小阁藏春，闲窗锁昼，画堂无限深幽。

篆香烧尽，日影下帘钩。

手种江梅渐好，又何必、临水登楼？

无人到，寂寥浑似，何逊在扬州。

从来知韵胜，难堪雨藉，不耐风揉。

更谁家横笛，吹动浓愁？

莫恨香消雪减，须信道、扫迹情留。

难言处，良宵淡月，疏影尚风流。

这首词有一个特点，典故和词境同时被作者运用。阁小，窗闲，春藏，昼锁，是它的词境，渲染始终极幽静深沉的气氛。作者就在这样的一个空间里，变化着思绪、回忆。随着时间的推移，词人对着当年亲手栽种的江梅喃喃自语、孤芳自赏，竟不知日影西斜，可见投入之深早已达到物我两忘的境地。上阕运用了"临水登楼""何逊在扬州"明暗两个典故。

王粲在《登楼赋》中写到"登兹楼以四望"，他望的是家国是一个晴明的世道，这里词人显然不是这种心情，她只是化用临水登楼的惆怅。

　　杜甫在《和裴迪登蜀州东亭送客逢早梅相忆见寄》中写到"东阁官梅动诗兴，还如何逊在扬州"，这里词人表面上是几乎套用杜甫的诗句，实则不然，她借用的是诗里的何逊，是何逊在扬州所写的《咏早梅》中"朝洒长门泣，夕驻临邛杯。应知早飘落，故逐上春来"表现被废居长门宫的陈皇后，此时的清照受到夫家冷遇独居至此，丈夫并没有出现，此时的心情与何逊笔下被打入冷宫的陈皇后可谓有异曲同工之处，都有一种孤独、遭冷落、惆怅又于心不甘，不能明说的心情。词人通过这种间接委婉地借取充分表现了她的睿智和苦衷，丈夫不在身边，这才是她寂寥的真正原因，这种原因又不能跟人明说只好借用典故来表明心迹，运用词境来营造氛围。

　　下阕通过以梅自喻，从赏梅到赞梅最后到惜梅。由于从小到大都处在一种优越的环境中，所以不太能经得起风雨的摧残。飘落中，外界一丁点的愁意寒凉都能让自己加重悲伤的情绪。就像这梅花一样，注定与世格格不入，很难敌得过风雨的摧残。尽管如此，却是要依然保留那份梅落的彻骨浓香，保留那份高阁的清韵，保留那份冰洁的遗世独立。要相信所有的一切美好品质终会被岁月认可，被风被月被云被有情人所知晓。

　　"梅以韵胜"是文人的传统看法，宋代范成大《梅谱·后序》说："梅以韵胜，以格高。"唐人崔道融《梅花》诗："香中别有韵，清极不知寒。"可见梅的精气神都在那个"韵"里了，想来人也是一样。最后的那些"难言处"，待到"良宵淡月"时，其"风流"、"韵胜"，就像江梅（疏影）一样，都会再出现的。

作者在写这首词时情绪十分低落，当年的闺房如今却有了禁闭的味道；被深深锁住的春心总也盼不到等不来那个日夜思念的人儿。面对现状作者心里虽有不满有失望有失落有惆怅有埋怨却不直接说明，而是用景物的描写极其隐秘地把内心的感受传递出来，可见当时封建社会对妇女的压迫以及古代妇女没有保障全凭运气的悲惨命运。

表面看来词人内心无比感伤，细读来却是字字幽深，语调平缓，文字从容，语义深远。其柔曼中透着风骨，平静中透着峥嵘，令人回味无穷。放佛那个神情落寞的年轻女子与梅交谈的画面就在眼前，让人顿生怜爱之情，赞叹之意。

❧ 武陵人念远

前面我们说到大观元年也就是 1107 年，任丞相的赵挺之去世。因其生前得罪现任丞相蔡京，赵氏家族受其迫害。后虽幸免于难但全家都被遣还乡。当时 27 岁的赵明诚和 24 岁的李清照夫妇也回到了青州老家，并在此屏居十几年。后来又发生了什么呢？

重和元年至宣和二年即 1118 至 1120 年期间，赵明诚曾被朝廷重新起用，开始了一段新的仕途生活。但是赴任期间均没有带着妻子李清照，而是将妻子一人独自留在青州。

就在赵明诚即将赴任离开青州之时，妻子李清照央求丈夫带着她一起离开但是被他冷冷地拒绝了。唱万遍《阳关曲》也没能让丈夫回心转意，失落的她望着丈夫带着年轻貌美的侍妾兴高采烈地去上任，内心里万般的凄凉与苦楚，真是想说又说不出来。或许我们所熟悉的一首《凤凰台上忆吹箫》能帮我们了解当时词人的心情。

凤凰台上忆吹箫·香冷金猊

香冷金猊，被翻红浪，起来慵自梳头。

任宝奁尘满，日上帘钩。

生怕离怀别苦，多少事、欲说还休。

新来瘦，非干病酒，不是悲秋。

休休！这回去也，千万遍阳关，也则难留。

念武陵人远，烟锁秦楼。

惟有楼前流水，应念我、终日凝眸。

凝眸处，从今又添，一段新愁。

这首词从字面上来看，上片刻画词人一种颓唐昏暗的形象。金猊状的香炉中烟早已经熄灭了，被子胡乱地像波浪似的摊在床上，虽然已经起来了但也懒于梳妆打扮。最近都是这个模样，眼看着梳妆盒上的尘土满了，太阳升起又落下。人啊最怕的就是活着的时候别离，很多事情不知从何说起，话到嘴边又咽了回去。看着镜中的自己日渐消瘦，而这次憔悴消瘦并不是因为醉酒也不是因为伤秋，算了，不提也罢。虽没有直接说出口但是我们从下阕里却能找到一些答案。唱了千万遍《阳关曲》也没能将他留住，也没能让他将我带走。想起武陵人远的故事就难受，多么希望能像烟锁秦楼的故事那样啊。"武陵人远"出自南朝刘义庆所著《幽明录》

中的一个神话传说：据说汉朝的时候，刘晨、阮肇二人入天台山采药迷路，遇上两位仙女，乐而忘返，与她们共同在一起生活了大半年。回家之后，才发现世间早已变换了天地，六个轮回已经过去了。

有道是山中方一日，世上已千年。词人在这里借助刘、阮天台遇仙女乐而忘返的故事来暗指丈夫现在的境况，从而引起自己的感伤。"烟锁秦楼"是《列仙传拾遗》上的故事，说秦穆公时有个叫萧史的人，擅长吹箫。穆公将女儿弄玉许配给他。弄玉跟萧史作凤凰之鸣，果真召来凤凰，于是他们便乘凤而去。这里通过萧玉的合奏共鸣而最终夫妻双双把家还的结果来表明自己的期盼。可惜的是只有楼前的流水知道我整日凝视着它们，用情深处，又添了一段新愁。什么愁呢？想必是有种被丈夫抛弃或不如以前受宠的愁绪吧。

三年过去了，丈夫始终没有回来并且书信也非常少，即使有也字迹了了。宣和三年也就是1121年的夏天，赵明诚升任莱州知州。按道理说，丈夫的官越做越大，已经有能力携带家眷在旁共同生活了，但是赵明诚始终没有来接或派人来接妻子与他同住，这种不近人情的表现除了让人伤心还是让人伤心。细想来他不是因为忙而是因为其他令他乐不思蜀的事才将老妻搁置家中不管不顾。

在古代男人三妻四妾是很正常的现象，女人只有接受。但是我们的李清照可不是一般的女人，她个性要强、倔犟，她把满心的爱都给了丈夫，换来的却是丈夫的心有旁骛，这种情感的不对等让她感受非常痛苦。三年的被冷落，让她对丈夫充满了怀疑。幸好孤苦中她还有朋友，独自在青州的日子里，姐妹们经常来陪她、安慰她，到了后来干脆鼓励她去

找丈夫以便挽回曾经的爱情。

此时的清照思忖道，或许莱州之行是必要的，如果处置得当能够换回明诚的心。以前蓄养侍妾的事情也有过，只是那个时候的他不管逢场作戏也好、假戏真做也罢，心思还是放在我这个妻子身上，所以我也不太在意进而不去计较，任其自主。后来遇到这么大的困难，夫妻两个在这老宅里读书著作一晃就是十几年，日子虽然过得清贫但是夫妻和睦、相濡以沫。我们的年纪都大了，女人过了四十就枯萎了，男人喜新厌旧是天性，但是有着那么多的默契有着那么多的情感根基有着那么多的共同爱好，想必他不会绝情到底的。想到这里她就坚定了去莱州找丈夫的信念。

这年秋天，李清照告别生活了十几年的青州，风雨兼程，一路风尘仆仆地朝莱州奔去。一路上清照的内心并不平静。丈夫不愿意带她赴任，明显地不想让她在身边。她的突然出现会不会招致丈夫的不满与冷落，尚不可知。途径昌乐时，她在驿站里给青州的姐妹写道："泪湿罗衣脂粉满，四叠阳关，唱到千千遍。人道山长山又断，萧萧微雨闻孤馆。惜别伤离方寸乱，忘了临行，酒盏深和浅。好把音书凭过雁，东莱不似蓬莱远。"即为昌乐所写的《蝶恋花》。字里行间流露中她的担忧和恐惧，以泪洗面，泪水浸湿了罗裙、花了容颜。这小小的夫妻距离感到怎么走也走不到，山高水远山又断，只好一个人在驿馆里听窗外的细雨，哪里是细雨，分明是她的眼泪。跟姐妹们道别真要上路寻夫的时候才感到自己的方寸大乱，不知如何是好，忘记临行前喝了多少酒，只是亲爱的姐妹们，一定要经常给我写信啊，莱州并不像蓬莱那么远，我会及时回信并经常给你们写信的，并不会因为找到了丈夫就疏离了你们，没有你们，我的日子该多么的单调清冷啊。清照在这里虽然表面上是给姐妹们写信，实际上透露的是她内心的不安与愁闷。

李清照冒着中暑的危险，在烈日下前进，不久便到了赵明诚所在的莱州任所。只是事情比她想象得还要糟糕。

几年未见，重逢显然没让赵明诚重视起来，他依旧跟他的年轻侍妾饮酒作乐，对李清照的突然到来甚是不满，要她尽快回去。李清照独自跑来原本就十分辛苦，况且历经这几年的寂寞难耐，看到丈夫的态度后显然十分生气，但是寄人篱下又不得不忍气吞声。要想挽回丈夫的心，时机还是在这里，再怎么辛苦也不能离开。如果因为一时的不能忍耐而回青州，那么所有的努力就都前功尽弃了，于是她选择了安静和沉默。

终日将自己关在赵明诚所安排的小屋里读书作诗，她把满腔的悲愤和愁苦都写进了诗词里。其中一首《感怀》诗并序就记载了李清照在莱州所受到的冷遇，诗云："寒窗败几无书史，公路可怜合至此。青州从事孔方兄，终日纷纷喜生事。作诗谢绝聊闭门，燕寝凝香有佳思。静中我乃得至交，乌有先生子虚子。"诗前有这样一段小序："宣和辛丑八月十日到莱，独坐一室，平生所见，皆不在目前。几上有《礼韵》，因信手开之，约以所开为韵作诗。偶得"子"字，因以为韵，作《感怀》诗云。"

乍看这首诗似乎有些难懂的地方，第一句"寒窗败几无书史"可以理解是窗户破旧、读物全无，即指出所在房屋的环境。第二句"公路可怜合至此"就不能用字面意思去理解了。公路是袁术的字，这里借用了袁术弹尽粮绝又因无人帮

忙而死的凄凉景象。"青州从事孔方兄,终日纷纷喜生事"可以理解为赵明诚为了让妻子尽快回青州去,整日借故应酬而将妻子冷落。"作诗谢绝聊闭门,燕寝凝香有佳思"是指出词人的状态和态度。她才不要像袁术那样自取灭亡呢,她要运用更加聪明的方式,更加沉淀而低调的从容沉静来挽回丈夫的心。"静中我乃得至交,乌有先生子虚子",独处时我得到一个最好的朋友就是安静,静的什么都没有,进而指出被冷落的程度。这首诗乍一看字面意思并不能明白作者的深层含义:即使正遭受着苦难和煎熬也用诙谐幽默的方式自我解嘲,并期望丈夫能够明白自己的心意。

最终,在词人坚持不懈的等待与感化下,丈夫开始回心转意,两人的关系有所好转。但丈夫的"天台之遇"在李清照内心里还是留下了挥之不去的阴影。

靖康之变

李清照去莱州寻夫之后,二人感情逐渐缓和。毕竟有共同的兴趣爱好,有着同样深厚的文学功底,二人在莱州后期开始共同编辑整理《金石录》,且"装卷初就,芸签缥带,束十卷作一帙。每日晚吏散,辄校勘二卷,跋题一卷"。但快乐的时光总是短暂的……

过了一段时间,赵明诚到淄州上任,因为立功的缘故又被提了一级。赵明诚为官没有什么架子,与当地的村民打成

一片，十分亲切。有一天他到淄川邢氏村，碰到一相熟的村民闲聊了起来。村民看其朴实善良，就拿出家里珍藏的白居易书写的《楞严经》给他看，他看后连连称赞，自己不敢独自欣赏，于是骑上马快马加鞭带回去和妻子共同欣赏。

可惜，好景不长。夫妻二人的感情刚缓和又迎来了更大的灾难。是年十二月，也就是1126年钦宗靖康元年年底，金军攻破东京，翌年四月，俘徽宗、钦宗和宗室、后妃等数千人，并辅臣、乐工、工匠等及大量财物北去，汴京为之一空，北宋灭亡，历史上称之为"靖康之变"。

夫妻两人的安定生活从此开始了转折。或许故国难离，每个人都有种叶落归根的情愫在里面，赵明诚的母亲郭氏也不例外。似乎她预感到国家就要灭亡了，又要开始一轮新的流离之苦，抑郁之下因病而含恨死。

依照古制，"丁忧"（亦称"丁艰"）期间，子女要在家中守丧三年，不赴宴、不婚娶、不应考、不做官。但是到了宋朝，从真宗起对此制即有所改变，诏令"丁忧""不得离任"。这样一来，赵明诚因在淄州任上立功官升一级，那么等待他的将是高于淄州知州的职务，所以其母的亡故和迁葬，对赵明诚下一步的升迁没有任何妨碍。

婆婆死了，按常理说清照应该和丈夫一起回去奔丧，为婆婆守孝。只是那个时候局势混乱，战争已经打到家门口了，想着节衣缩食、踏遍万里寻来的古迹、珍本，就有万千的担心与忧虑。于是二人商量，由清照先行回青州整理，然后运往南方。而赵明诚则直奔金陵母亲去世的地方。二人相约在金陵会合。

粗心大意的赵明诚只顾着奔丧，丝毫没有顾及家里的大

宗金石书画已经占据了十几间房屋，这么庞大的整理、搬运工作岂是一个小女子能在战乱中完成得了的。或许他太相信妻子的能力了，当然清照显然没让丈夫失望。按照事先商定好的"既长物不能尽载，乃先去书之重大印本者，又去画之多幅者，又去古器之无款识者。后又去书之监本者，画之平常者，器之重大者。凡屡减去，尚载书十五车。至东海，连舻渡淮，又渡江，至建康"。也就是不好带的，生活中能比较容易找的到的先放在青州老宅，只带珍贵的、体积较小的书画器具，可是这些用心寻来的物什件件是珍宝，不容割舍。就在这样的忍痛割爱中，还装了整整十五车，由清照一人经陆路又转海路再转河路，最终到达建康。从这里我们可以看出清照不仅有很高的文学造诣和文学才华，对当家理事也有很高的才能，甚至可以说比一个男人还要细腻还要有担当还要勇敢智慧。

靖康之变发生，北宋的皇帝老儿都被金兵俘虏了，话说国不能一日无君啊，于是这年五月，康王赵构即位于南京应天府，改元建炎，是为高宗，南宋开始。

在这种国难当头、朝不保夕的时代背景下，宋高宗显然不再把精力放在两党的斗争上，而是想通过一些新的举措能够让国家安定起来。于是他对两党的后代重新起用，抱着一碗水端平的态度来保证朝内的安定。

赵明诚在为母守孝期间被任命为江宁知府，可惜好景不长最终因弃城逃跑而落罪，被革职。史料中曾这样记载："御营统制官王亦，将京军驻江宁，谋为变，以夜纵人为信，江东转运副使、直徽猷阁李谟觇知之，驰告，守臣秘阁修撰赵明诚，已被命移湖州，弗听。谟饬兵将，率部团民兵伏涂巷中，栅其隘。夜半，天庆观火，诸军噪而出，亦至，不得入，遂斧南门而去。迟明，访明诚，则与通判毋丘绛、观察推官汤允恭缒城宵遁矣。"简单地说就是他的部下跟他报告军队中有人谋划叛变的事，他没有作任何部署也没有作任何指示，后来他的下属把叛变扼杀在了萌芽阶段，没什么事了来向他汇报，结果发现他已经顺着绳子从城门逃跑了。

被革职后的赵明诚带着妻子四处流落，力求找一个安身立命之所。只是普天之下，到处是硝烟弥漫的战场，皇帝老儿只顾自己一路逃跑，而青州老宅早已被金兵焚烧，只能走一步算一步了。在难逃的过程中，赵明诚又得到朝廷的起用，被任命为湖州知州。或许他对以前的胆小作为心生愧疚，在接到任命后便冒着炎炎烈日快马加鞭地朝湖州奔去。

可惜的是这次离别竟成了永诀。送丈夫上任的途中，清照显然情绪不好，她似乎预感到流离失所的日子会更加艰难，于是问丈夫，如果真的到了举步维艰的境地，该怎么对待那些珍贵文物。赵明诚对这次重新被起用，有种痛改前非的决心，所以精神格外好，两眼炯炯有神地说道："从众。不得已时，第一次先把箱笼包裹放弃；第二次宁可把衣被丢掉，第三次无奈就抛弃书画；第四次万不得已就去掉古器，唯独宗庙礼乐之器，必须亲自负抱，与这些祭器共存亡，千万不能忘记。"用现在的话说就是随大流。大家都往哪跑，你也往哪跑。如果到了万不得已的地步可以先把箱子、包袱丢掉，接着是衣物、书画、古器，只是祭祀用的那些礼乐之器要随身携带，抱着与它们共存亡的信念来保存。宗庙是指

天子、诸侯祭祀祖先的处所，宗庙之器指宗庙礼乐之器、祭器。

清照回住所整理珍贵文物去了，不多久收到丈夫生病的消息。原来还没到任所就得了有热无寒的疟疾，后来严重到卧床不起的地步。清照知道丈夫是急性子，一定会服寒药，这样不但不会有所好转反而会使病情加重，于是她日行三百里朝湖州奔去。到了那里一看，果不其然丈夫在服大柴胡、黄芩等性寒退热泻人的药，后来疟痢并发，病入膏肓，已到了无药可救的地步。这时任清照再怎么坚强也不能不终日以泪洗面不知如何是好。她常常祈求上苍让丈夫的病慢慢好起来，只是上天并没有听到李清照的心愿，也许赵明诚到了生命的极限。

八月十八日那天，明诚就再也起不来了，清照看到这样的情况慌了手脚，只顾悲痛哭泣，不忍心问问他后事该怎么办理。只是一边哭一边说，你走了我该怎么办啊？我们没有孩子，也没有家了，国也亡了只剩下我一个女人孤苦伶仃，整日守着你那些破石头、死人用的东西干什么呀。我不要你走，我要你好起来。只要你能好起来，你愿意做什么就做什么，我绝不干涉。你又不是不知道现在局势有多混乱，你走了让我依靠谁去啊。

丈夫在那里看着听着也只是流泪，让她拿笔来，写道："取笔作诗，绝笔而终，殊无分香卖履之意。""分香卖履"是一个历史典故。出自于三国·曹操《遗令》："吾婢妾与伎人皆勤苦，使著铜雀台，善待之。于台堂上安六尺床施穗帐，朝晡上脯备之属，月旦、十五日，自朝至午，辄向帐中作伎乐。汝等时时登铜雀台，望吾西陵墓田。余香可分与诸夫人，不命祭。诸舍中无所为，可学作组履卖也。"是指曹操临死不忘给他的妻妾安排好生活，后指临死念念不忘妻儿。这里我们不妨理解为赵明诚对自己的一生来作了个简短的评述，刚生下来就有取笔作诗的意愿，将死时也是拿着笔死去，只是一生只爱妻子李清照一人，别无二心，说完就一命呜呼了。赵明诚死后，在时局十分紧张混乱的的情况下，清照为丈夫料理了后事，一边写词悼念亡夫一边带着丈夫的毕生心血继续流浪。只是兵荒马乱的年月里，只剩了她这个孤苦的中年妇女流离失所。每当回想起丈夫生前的种种，不禁泪如雨下，悲伤不已。

词人生性多思多感多愁多情。流离中每每对月伤怀，睹物思人。有一天晚上，她睡不着，恍惚中恍然发现，身上的碎莲衣服为丈夫生前最喜欢的，于是乎往事一件件映入眼帘，如同再现。《南歌子》就是在这时候问世的，虽然对李清照来说只是一时心情一种回味，但是对我们这些后人来说却是一种欣赏一种感怀。

南歌子·天上星河转

天上星河转，人间帘幕垂。凉生枕簟泪痕滋。起解罗衣，聊问夜何其？

翠贴莲蓬小，金销藕叶稀。旧时天气旧时衣。只有情怀，不似旧家时！

斗转星移，天上的时间在流转。那么再看看地上的人呢，卧室的窗帘已经落下好久，屋里只有词人自己，凄冷寒凉的夜让人更加孤寂，苦从心来。原本是和衣而卧，后

被这凄冷的夜扰了一身寒凉，夜已经很深了，刚想解衣而睡，看着身上的这件外衣不禁回到从前。那时的故乡处处是荷塘，结婚后虽然离美丽的荷塘远了，但是有丈夫的体贴和关爱，即使把这漂亮衣服当掉，用换来的钱让丈夫买喜欢的金石古玩也十分乐意，因为每次丈夫都带回一些喜欢的小吃食并与我共同欣赏新换来的古籍珍品并一起交流讨论，好不快活。当年的事还历历在目，如今国破家亡剩我个人对衣垂泪。还是当年的那个时节也还是当年的那件衣服，只是物是人非，家不是当年的那个家了，心情也不是当年的那个心情了。望着天上的星月寻找丈夫的影子，不知他是否也在思念着我。

上片"天上星河转，人间帘幕垂"，作者以对句做景语，看似平常的景物描写实则融入了作者历经国破家亡、流离失所后的感情积淀。"凉生枕簟"背后则散发着词人孤寂、凄凉的情怀，作者将这种情怀淡化，但是这种久经沉淀的凉意更沁人心脾、渗入肌肤。心情不能自已时起解罗衣，聊问"夜如何？"其，语助词。"夜何其"出自《诗经·小雅·庭燎》"夜如何其？夜未央（未半）"。轻轻一问，点明了卧后清宵的漫长以及想要用睡眠来麻痹愁苦的无奈。下阕因解衣欲睡，看到衣上花绣，又生出一番思绪来，只是过往的一切都化作了烟云，剩下的只是她这个半世流离的悲情妇。

可以说清照的不幸从靖康开始。而靖康之变，不仅给整个社会带来了巨大的灾难，也造成了很多珍贵物品的流失。坚强的李清照没有了丈夫的依靠，又将何去何从呢？

❧再嫁与梦魇

靖康之变后，北宋灭亡。南宋的建立并没有使人民过上安定的生活，统治者的一味懦弱与逃跑，致使整个民族都陷在屈辱与流离失所当中。李清照也迎来了人生中一次沉重的打击，改变了她后半生的命运……

李清照的丈夫在靖康之变的背景下赴官上任，途中因病去世，只将大堆的贵重文物留给了李清照。是年李清照四十六岁，也是人到中年甚至朝着老年的方向去了。原本被大批的文物所累就心力交瘁，更何况又时刻担心金兵的入侵与贼人的抢掠。心爱的丈夫病死了，剩下词人孤苦伶仃，处于举目无援的凄惨境地。面对内忧外患、国破家亡的情况，坚强的她再也坚持不住了，于是大病一场，到了仅存喘息的严重程度。

原本想要追随皇帝的脚步，以为皇帝所在的方向应该是安全的，无奈她的步伐总是赶不上皇帝的行踪，这边还没到皇帝又逃到其他的地方去了。

无处可逃的李清照带着随身的最后一点珍贵文物辗转流落到绍兴，并在那里租赁了一位钟姓士子的房屋居住，暂时安定下来。她把所剩的几箱书画古玩都藏在床底下，足不出户地守着。没事的时候就拿出来把玩欣赏。

不料，一天夜里，忽有窃贼挖墙而入，盗走了五个箱子，李清照非常愤怒，为了找回这些承载她心血和记忆的箱子，她公开悬赏寻物，没想到过了几天她的房东钟氏拿着十八轴画卷领赏来了，真相至此已经大白，可是，作为独在异乡的寡妇，她又能怎么样呢。只好花钱赎回画卷，至于其他的物品，却怎么也找不回来了。对此清照不禁仰天叹息："天要亡我呀，丈夫死了，连他活着的时候留给我的东西也被人掠夺去了，我活着还有什么意义？无依无靠，任人欺负……"于是病得更重了。

人总是希望生命的时候能够有人关注，哪怕只是帮你倒杯水，只是陪你聊聊天，也能够让这备受煎熬的状态有所改观。就在这时候，那个叫做张汝舟的人出现了。

起初他对清照细心照料、关怀备至，他对她说："你一个妇道人家背负着这么多的珍贵文物四处逃离，能够有所保全着实不易，让我看了既敬佩又心酸。我愿意伸出我的手，拼尽全力保护你，让你孱弱的肩膀不再被压垮，从此免受流离之苦，不知你意向如何。"李清照一听，顿时有了许多的感动与安慰。试想，一个四五十岁的女人，在生病的时候能得到这样的安慰，岂不动心。虽然她跟赵明诚情比金坚、情深意笃，毕竟赵明诚死了，而能够保全赵明诚留下的一生中最珍贵的文物也是对他爱的体现和延续。如今有一个面相和善的官员对她说这种话，迫于形势和当前的自身状况，唯有答应才能有所好转。

显然，张汝舟并不像看上去那样善良与助人为乐。只是这些是在他们婚后的生活里逐渐显示出来的，之前他一直隐藏得很好。连朝廷的官职他都能骗来，试想一下其虚伪的狼子野心又怎能轻易露出来呢。

　　日子一天天地过去，张汝舟的真面目也一天天地显现出来。有一天他想拿一件李清照的物品去骗卖，不料被清照发现，拼命夺回并痛斥张汝舟的不道德。没想到张汝舟轻蔑地笑道："不道德？只是拿你件东西去卖而已。我的官都是骗来的，更何况你？你以为我是好心要帮助你啊，天下这么乱，谁吃饱了撑的去帮别人而委屈自己啊！人总得图点什么，你说你一大把年纪了，贪图你的美色显然不是。贪图你的名声，靠点谱但不是最主要的，更主要的是你手里有很多珍贵文物，那些东西能值不少钱吧？得，有了那些东西也算我的忙没白帮。你说你死了那些东西还不都是我的，你又没有孩子。现在我只是提前变卖下自己的东西而已，有什么道德不道德的。呦，你现在知道我不道德了，实话告诉你，晚了。"李清照听后欲哭无泪，只能很自己瞎了眼跟了这样的恶毒小人。

　　从此之后她只能忍气吞声，更加谨慎地守着她的东西。在古代，男人三妻四妾是再正常不过的了；而女人改嫁则是冒着很大的风险，除了所嫁之人好坏不说，单是世俗的偏见就足以将一个女人击垮。李清照既是才女又是当朝非常有名的词人，社会的关注度自然会更高，甚至会成为人们逃亡途中或茶余饭后的焦点。李清照有自己的思想，有知识、有文化。她在那样的艰难境地中审时度势，在无依无靠走投无路的时候被张汝舟的甜言蜜语所哄骗，只能忍受，毕竟张汝舟还在做官，有地方可以暂时安居，想到这里清照就忍了。

　　可是，小人并不能因为你的忍让而不去掠夺你的东西。起初，他还只是跟李清照好言好语地索要财物，后来发现李清照并没有自己想象得那么富有，所剩的珍贵文物不多了，于是他就露出他本来的狰狞面目，对李清照拳打脚踢，企图将她逼死从而获得她的财物。

清照是什么人？宁为玉碎不为瓦全，宁可搭上自己的性命也要离开这样的奸邪小人。跟这种人在一起生活，她觉得恶心。她觉得她的心灵受到了污浊的侵害，于是顽强自立的她再次运用智慧来对抗张汝舟的龌龊之举。她先是获得了张汝舟利用欺瞒手段获取官职的证据，接着提出离婚并对张汝舟检举控告。

按宋律，妻子控告丈夫，即使证据确凿，妻子也要入狱两年，为了摆脱这个恶棍，李清照宁愿忍受牢狱之灾，也不愿苟且忍辱，最终两人双双入狱。这件事情在当时的上层社会曾引起轩然大波，试想，一个名门词女身陷这对种当时社会来说很少发生并很难接受的事时，该有什么样的影响。那个时候虽然赵家与李家衰败，但是他们的亲友还有很多在朝为官，李清照受到当时翰林学士綦崇礼的援手，仅仅坐牢九天就被放了出来，其所受"无根之谤"也终于得到平息，离异成功，从此以后词人的心情逐渐恢复平静，将所有的精力重新投入到关于《金石录》的未了之事中去。

李清照在《投内翰綦公崇礼启》中这样写道："清照启：素习义方，粗明诗礼。近因疾病，欲至膏肓，牛蚁不分，灰钉已具。尝药虽存弱弟，膺门惟有老兵。既尔苍皇，因成造次。信彼如簧之说，惑兹似锦之言。弟既可欺，持官文书来辄信，身几欲死，非玉镜架亦安知。傥难言，优柔莫决。呻吟未定，强以同归。视听才分，实难共处，忍以桑榆之晚节，配兹驵侩之下才。身既怀臭之可嫌，惟求脱去；彼素抱璧之将住，决欲杀之。遂肆侵凌，日加殴击，可念刘伶之肋，难胜石勒之拳。局天扣地，敢效谈娘之善诉；升堂入室，素非李赤之甘心。外援难求，自陈何害，岂期末事，乃得上闻。取自宸衷，付之廷尉。被桎梏而置对，同凶丑以陈词。岂惟贾生羞绛灌为侪，何啻老子与韩非同传。但祈脱死，莫望偿金。友凶横者十旬，盖非天降；居囹圄者九日，岂是人为！抵雀捐全，利当安往；将头碎璧，失固可知。实自谬愚，分知狱市。此盖伏遇内翰承旨，缙绅望族，冠盖清流，日下无双，人间第一，奉天克复，本缘陆贽之词；淮蔡底平，实以会昌之诏。哀怜无告，虽未解骖；感戴鸿恩，如真出己。故兹白首，得免丹书。清照敢不省过知惭，扪心识愧？责全责智，已难逃万世之讥；败德败名，何以见中朝之士。虽南山之竹，岂能穷多口之谈；惟智者之言，可以止无根之谤。高鹏尺鷃，本异升沉；火鼠冰蚕，难同嗜好。达人共悉，童子皆知。愿赐品题，与加湔洗。誓当布衣蔬食，温故知新。再见江山，依旧一瓶一钵；重归畎亩，更须三沐三薰，忝在葭莩。敢兹尘渎。"简单地说就是李清照病得厉害，分不清东西南北，这时候张汝舟趁虚而入。婚后清照看破了张汝舟的伎俩，认清了他的为人，宁愿自己身陷囹圄也不愿与这样的市侩小人为伍。这样想的也是这样做的，在此十分感谢綦大人的仗义相救。

这次婚变虽然历经挫折，不被当时的人理解，甚至遭受唾弃，但是清照的那种宁死不屈的心迹、品性高远的志向、纯洁不容污染的情操却使人感佩。

遗志与顺变

> 李清照在经历了种种变故之后，心情逐渐恢复平静，生活也趋向于安稳。虽然国家处在战乱中，但总有一小块地方是金兵所够不到的，于是词人重新投入了关于《金石录》的未了之事中。在此期间完成了《金石录后序》一文。

《金石录后序》是一篇对死去的丈夫充满深情思念的悼文，其言用情也深，用词也简，至今读来仍令人泪流满面。比如其中的"今日忽阅此书，如见故人。今手泽如新，而墓木已拱，悲夫"等句。看似平常词语，读来却是大悲于其中的。好似不经意地看到曾经读过的书，曾经的那个人就在眼前，他的字迹像刚刚出炉还留有墨香的味道，实际上他墓前的树已有两手合抱那么粗了。恍然就在昨天，实际上已是千年，清照重重的叹息声仿佛就在我们耳边。另外《金石录后序》也是一篇序文，虽然《金石录》的作者赵明诚自己作了序言，还特意请当时的著名学者刘跂题写了一篇《后序》，但到李清照写这篇后序时又过了好多年，其间发生的种种不幸，都收录其中，对赵明诚的《金石录》是一个很完整的补充。

赵明诚从小就喜欢收集金石文物和图书字画，对于这个爱好终生不渝。用他自己的话说就是"余自少小喜从当世学士大夫访问前代金石刻词"。与李清照结婚后，对金石的兴趣更是与日俱增，更有"尽天下古文奇字之志"。

记得他们刚结婚那会儿，赵明诚还在太学读书，没有独立的经济来源，每月的初一、十五就请假，先去当铺把衣服当了，换来的钱给心爱的妻子买些喜欢的新鲜蔬果和零食，去相国寺买回来古籍、残石碑刻拿回家与妻子共同欣赏、把玩。对于丈夫的这种举动与爱好，清照从来不反对，受丈夫的影响，自己也愈发喜欢那些古文奇字，并与丈夫在欣赏和交流中产生共鸣。

后来赵家败落，夫妻两个定居青州，开始了他们的隐居生活。在青州的十几年间，生活虽然清苦但夫妻两个相敬如宾，一起整理、校对、分门别类地筛选编写有关金石器物的资料信息。他们节衣缩食，收集了大量的金石古籍，在"酒阑更喜团茶苦"的生活中，李清照还独创了一种我国特有的妙趣横生的茶令。茶自古以来令人头脑清醒，与茶相伴，在两人的教学相长、诗词唱和中度过了一段平生少有的和美岁月。赵明诚曾四游仰天山，三访灵岩寺，一登泰山顶。或题名，或拓片，获得了大量的碑文资料。其间，于政和七年（1117 年）在妻子的大力协助下，赵明诚大体完成了《金石录》的写作，这是一部继欧阳修《集古录》之后，规模更大、更有价值的研究金石之学的专著。著录所藏金石拓本，上起三代下及隋唐五代，共 2000 种。《金石录》30 卷。前10 卷为目录，按时代顺序编排；后 20 卷就所见钟鼎彝器铭文款识和碑铭墓志石刻文字，加以辨证考据，对两《唐书》多做订正，是研究古代金石刻必资之书。在《金石录》中赵明诚除了自己写序言以外，还特意邀请了当时著名学者刘跂题写了一篇《后序》。史称，赵明诚撰《金石录》，李清照

"亦笔削其间"（张端义《贵耳集》卷上）。"笔削"出自《史记·孔子世家》，笔：书写目录；削：删改时用刀削刮简牍，这里是修改文章的意思。

后来，赵明诚去莱州做官并有了"天台之遇"，清照为了挽回曾经的幸福婚姻，独自一人去莱州寻夫。虽然开始的时候，遭受丈夫的冷落，但是她用智慧终于让丈夫回心转意。在莱州期间，李清照继续帮助丈夫辑集整理《金石录》，并"装卷初就，芸签缥带，束十卷为一帙。每日晚更散，辄校勘二卷，跋题一卷"（《金石录后序》）。赵明诚看到妻子的专注辛苦深受感动，不再整日忙于应酬、寻欢作乐，而是开始白天勤于政事，晚上在静治堂专心致志地进行《金石录》的编撰，并时不时地跟清照交流。当时较典型的一个例子就是当赵明诚在淄川的一户人家得到白居易书写的《楞严经》时激动不已，连忙上马，快马加鞭拿给妻子欣赏。《金石录》像一个极为牢靠的纽带，将夫妻二人紧紧地围绕在一起，在那期间，夫妻关系得到新的转机，并成为清照心中的一个美好回忆。

世事多变，《金石录》有了更大的进展，夫妻关系也得到根本的改善。这时，金兵入侵，北宋灭亡。适逢赵明诚母亲去世，他朝金陵奔丧而去。慌乱中清照独自回青州整理、转移丈夫倾注毕生心血得来的金石器物。可惜东西太多，件件难以舍弃，最后将最有价值最容易携带最喜欢的东西打包，还有 15 车之多，其余分别深锁于青州的十几间房子里。清照带着 15 车金石器物南下与丈夫团聚。无奈的是，走到镇江时，正好遇到镇江失守，盗贼横行，好在清照凭着智慧与勇敢，在兵荒马乱中终于将那批珍贵文物运送到江宁。可惜的是押运途中青州兵变，老房子被毁，青州剩余的书册也都被烧成灰烬。李清照在《金石录后序》中曾这样记载此事："青州故第，尚锁书册用屋十余间，期明年再具舟载之。十二月，金人陷青州。"

赵明诚任江宁知府时因犯了错误而被罢免官职。被罢后，夫妻两人先后去了芜湖、入姑孰、赣水、池阳。到池阳时，赵明诚接到诏令，被任命为湖州知州，于是将妻子和大批文物安置在池阳，自己快马加鞭去湖州上任。与妻分别时谈到若局势紧张、迫不得已，可以将东西都丢下跟着大流逃跑，只是宗庙礼乐之器要随身携带，与自己共存亡。可惜的是在上任的途中就因病而死。丈夫死了，作为妻子的李清照也只剩半口气，迫于形势的严峻，她将一些珍贵物品寄存在任兵部侍郎、从卫在洪州的明诚妹婿处，她以为这样能够安全，可惜南宋统治者无能，奉行不抵抗政策，没过三个月，洪州就被金人攻破，她寄存的那些珍贵物品都消失殆尽。从此她心灰意冷，只有自己亲自带着那些东西似乎才相对更加安全些，起码不会遇到困难就扔下东西自己逃命去了。

《金石录》虽然大致完成，但是这些珍品实物既是丈夫的毕生心血，也是他留下的珍贵纪念，怎能不想尽办法保存下来呢。

几经辗转来到一户农家租住，没有金兵的入侵却阻止不了贼人的盗取，原来房东就是算计金石物品的贼人，只是一个孤苦伶仃的妇道人家知道实情也无可奈何。

一波未平一波又起，李清照嫁给了一个叫张汝舟的小官吏，以为从此可以免于流落，谁知那厮竟是个骗子、混混，迎娶李清照只是冲着她的珍贵文物。婚后，本色见露，拳脚相向。清照宁为玉碎不为瓦全，宁愿自己身陷囹圄也要将那厮告上法庭，最终的结果可想而知，二人双双入狱。幸好朝中有人庇佑清照，才免除两年的牢狱之灾，仅关了九天就获得了自由，这次是彻底的自由。清照对婚姻、对时局、对人生都已看破，心渐渐安静下来，重新投入到《金石录》的未竟之事中去。

她将丈夫死后的种种经历、时局的种种变化、金石器物的损失留存都一一写进《金石录后序》中去，于宋高宗绍兴四年（1134 年），在杭州完成《金石录后序》的写作。虽然与刘序题目相同，但内容与风格却是大不相同。刘序是站在客观公正的角度对赵明诚的《金石录》如实叙述其中的原委及功绩，而清照的序则添加了很多感情色彩，夫妻情趣、丈夫死后的流离、所收集文物的散落、对丈夫的深情款款都在字里行间显现。如果说刘序是篇纪实散文的话，那么清照的序则是一篇抒情散文，其内容如下：

　　右《金石录》三十卷者何？赵侯德父所著书也。取上自三代，下迄五季，钟、鼎、甗、鬲、盘、匜、尊、敦之款识，丰碑大碣，显人晦士之事迹，凡见于金石刻者二千卷，皆是正讹谬，去取褒贬，上足以合圣人之道，下足以订史氏之失者，皆载之，可谓多矣。呜呼！自王涯、元载之祸，书画与胡椒无异；长舆、元凯之病，钱癖与传癖何殊。名虽不同，其惑一也。

　　余建中辛巳，始归赵氏。时先君作礼部员外郎，丞相作吏部侍郎。侯年二十一，在太学作学生。赵、

李族寒，素贫俭。每朔望谒告出，质衣，取半千钱，步入相国寺，市碑文果实。归，相对展玩咀嚼，自谓葛天氏之民也。后二年，出仕宦，便有饭蔬衣练，穷遐方绝域，尽天下古文奇字之志。日就月将，渐益堆积。丞相居政府，亲旧或在馆阁，多有亡诗、逸史、鲁壁、汲冢所未见之书，遂尽力传写，浸觉有味，不能自已。后或见古今名人书画，一代奇器，亦复脱衣市易。尝记崇宁间，有人持徐熙《牡丹图》，求钱二十万。当时虽贵家子弟，求二十万钱，岂易得耶？留信宿，计无所出而还之，夫妇相向惋怅者数日。

后屏居乡里十年，仰取俯拾，衣食有余。连守两郡，竭其俸入，以事铅椠。每获一书，即同共勘校，整集签题；得书画彝鼎，亦摩玩舒卷，指摘疵病，夜尽一烛为率。故能纸札精致，字画完整，冠诸收书家。余性偶强记，每饭罢，坐归来堂烹茶，指堆积书史，言某事在某书某卷第几叶第几行，以中否角胜负，为饮茶先后。中，即举杯大笑，至茶倾覆怀中，反不得饮而起。甘心老是乡矣。故虽处忧患困穷，而志不屈。

收书既成，归来堂起书库大橱，簿甲乙，置书册。如要讲读，即请钥上簿，关出卷帙。或少损污，必惩责揩完涂改，不复向时之坦夷也。是欲求适意而反取僝僽。余性不耐，始谋食去重肉，衣去重彩，首无明珠翠羽之饰，室无涂金刺绣之具。遇书史百家，字不刓缺，本不讹谬者，辄市之，储作副本。

自来家传《周易》、《左氏传》，故两家者流，文字最备。

于是几案罗列，枕席枕藉，意会心谋，目往神授，乐在声色狗马之上。

至靖康丙午岁，侯守淄川，闻金寇犯京师，四顾茫然，盈箱溢箧，且恋恋，且怅怅，知其必不为己物矣！建炎丁未春三月，奔太夫人丧南来，既长物不能尽载，乃先去书之重大印本者，又去画之多幅者，又去古器之无款识者。后又去书之监本者，画之平常者，器之重大者。凡屡减去，尚载书十五车。至东海，连舻渡淮，又渡江，至建康。青州故第，尚锁书册什物，用屋十余间，期明年春再具舟载。十二月，金人陷青州，凡所谓十余屋者，已皆为煨烬矣。

建炎戊申秋九月，侯起复，知建康府。己酉春三月罢，具舟上芜湖，入姑孰，将卜居赣水上。夏五月，至池阳，被旨知湖州，过阙上殿，遂驻家池阳，独赴召。六月十三日，始负担舍舟，坐岸上，葛衣岸巾，精神如虎，目光烂烂射人，望舟中告别。余意甚恶，呼曰："如传闻城中缓急，奈何？""戟手遥应曰："从众。必不得已，先弃辎重，次衣被，次书册卷轴，次古器，独所谓宗器者，可自负抱，与身俱存亡，勿忘之。"遂驰马去。途中奔驰，冒大暑，感疾。至行在，病痁。七月末，书报卧病，余惊怛。念侯性素急，奈何。病痁或热，必服寒药，疾可忧。遂解舟下，一日夜行三百里。比至，果大服柴胡黄芩药，疟且痢，病危在膏肓。余悲泣仓皇，不忍问后事。八月十八日，遂不起。取笔作诗，绝笔而终，殊无分香卖履之意。

葬毕，余无所之。朝廷已分遣六宫，又传江当禁渡。时犹有书二万卷，金石刻二千卷，器皿茵褥，可待百客，他长物称是。余又大病，仅存喘息。事势日迫，念侯有妹婿，任兵部侍郎，从卫在洪州，遂遣二故吏先部送行李往投之。冬十二月，金人陷洪州，遂尽委弃。所谓连舻渡江之书，又散为云烟矣。独余少轻小卷轴书帖，写本李、杜、韩、柳集，《世说》、《盐铁论》，汉唐石刻副本数十轴，三代鼎鼐十数事，南唐写本书数箧，偶病中把玩，搬在卧内者，岿然独存。

上江既不可往，又虏势巨测，有弟远任敕局删定官，遂往倚之。到台，台守已遁。之剡，在陆，又弃衣被。走黄岩，雇舟入海奔行朝。时驻跸章安，从御舟海道之温，又之越。庚戌十二月，放散百官，遂之衢。绍兴辛亥春三月，复赴越。壬子，又赴杭。先侯疾亟时，有张飞卿学士携玉壶过视侯，便携去，其实珉也。不知何人传道，遂妄言有颁金之语。或传亦有密论列者。余大惶怖，不敢言，亦不敢遂已，遂尽将家中所有铜器等物，欲赴外庭投进。到越，已移幸四明。不敢留家中，并写本书寄剡。后官军收叛卒，取去，闻尽入故李将军家。所谓岿然独存者，无虑十去五六矣。惟有书、画、砚、墨可五、七簏，更不忍置他所，常在卧榻下，手自开阖。在

会稽，卜居土民钟氏舍。忽一夕，穴壁负五簏去。余悲恸不已，重立赏收赎。后二日，邻人钟复皓出十八轴求赏。故知其盗不远矣。万计求之，其余遂劳不可出。今知尽为吴说运使贱价得之。所谓岿然独存者，乃十去其七八，所有一二残零，不成部帙书册三数种，平平书贴，犹复爱惜如护头目，何愚也邪！

今日忽阅此书，如见故人。因忆侯在东莱静治堂，装卷初就，芸签缥带，束十卷作一帙。每日晚更散，辄校勘二卷，跋题一卷。此二千卷，有题跋者五百二十卷耳。今手泽如新，而墓木已拱，悲夫！

昔萧绎江陵陷没，不惜国亡，而毁裂书画；杨广江都倾覆，不悲身死而复取图书。岂人性之所著，死生不能忘之欤？或者天意以余菲薄，不足以享此尤物耶？抑亦死者有知，犹斤斤爱惜，不肯留在人间耶？何得之艰而失之易也？呜呼！余自少陆机作赋之二年，至过蘧瑗知非之两岁，三十四年之间，忧患得失，何其多也！然有有必有无，有聚必有散，乃理之常。人亡弓，人得之，又胡足道。所以区区记其终始者，亦欲为后世好古博雅者之戒云。

绍兴二年玄黓岁壮月朔甲寅易安室题。

以上为清照为《金石录》所作的后序，几乎囊括了从二人结婚以来到清照写这篇序间的所有历史。文章始终围绕着金石展开，从兴趣爱好开始，循着尽天下古文奇字的志向，一步步扩充自己的金石珍品，收集大量的金石古籍之后又开始分门别类的整理，并对所收集之物一一进行勘校、整理，终成《金石录》。丈夫死后，带着丈夫对金石的热爱，继承丈夫的遗愿，尽全力来保护大批的金石古籍，无奈世事无常，在一次次的灾难中消失殆尽，最后剩下的寥寥无几，且不成部秩。但守着手中剩余的平常书籍仍心爱至极，倍加珍贵。通过金石的收集与散落推想到人生的聚散、世事的无常。人生犹如浮萍，抓不住任何东西，就像词人历经坎坷与磨难，幸福的日子有过、孤苦流落的日子也有过，只是不管身处何时都当有一颗不改志向不改品性的决心。世间万物有得必有失，我们应用一颗平常心来面对得失聚散，不必过于计较，令自己烦恼与不堪承受。

只有自己的才是真实的，才是最具有权威的那个。我们读历史文献是因为喜欢，也是因为其价值值得我们流传，更是因为作者的人品和才学。说《金石录后序》珍贵不仅是因为其辞藻华丽，也不仅是因为其感情真切，更是因为它是清照所作。它就像一面镜子，将清照与赵明诚生前的种种行迹一一记录展现，真实而令人感动。清照的作品如同她的名字、她的人品、她的性情那样透明而清澈，至纯至真，不掺杂任何杂质。如果没有她的作品，我们现在的人们也就不会了解她是何方神圣了。对于她的作品，我们有必要像行祭礼一般敬虔并充满深深的缅怀，因为是她带给了我们一个明灯般的岁月沿袭。

《金石录后序》译文：

以上《金石录》三十卷是谁的著作呢？是先夫赵德甫所撰的呀。上自三代，下至五代之末，凡是铸在钟、鼎、甗、鬲、盘、彝、尊、敦上的题记，以及刻在高大石碑上的显要人物和山林隐士的事迹——这些见之于金石镂刻的文字共两千卷，都校正了错字异文，进行了汰选和品评。上足以合圣人的道德标准，下能够订正史官失误的，这里都记载了，可以称得上内容丰富了！唉，自从唐代的王涯与元载遭到杀身之祸以后，书画跟胡椒几乎是一样的货色；而晋人和峤所患的钱癖跟杜预所患的《左传》癖，也似乎没有什么区别。名义虽不相同，但各自受到的迷惑则是一样的呀。

徽宗建中靖国元年，我才嫁给赵氏。当时我死去的父亲是礼部员外郎，明诚的父亲是礼部侍郎。我夫明诚年方二十一岁，正在太学做学生。赵、李两家本是寒族，向来清贫俭朴。每月初一、十五，明诚都请假出去，把衣服押在当铺里，取五百铜钱，走进大相国寺，购买碑文和果实。互相欣赏着，反复玩味，觉得很像远古时代葛天氏的臣民那样自由和快乐。

两年以后，明诚出仕做官，便立下即使节衣缩食，也要游遍天涯海角，把天下的古文奇字全部搜集起来的志愿。日积月累，资料越积越多。丞相在政府工作，亲戚故旧中也有人在秘书省的，常常有《诗经》以外的佚诗、正史以外的逸史，以及从鲁国孔子旧壁中、汲郡魏安釐王墓中发掘出来的古文经传和竹简文字，于是就尽力抄写，渐渐感到趣味无穷，到了难以自控的地步。后来偶而看到古今名人的书画和夏、商、周三代的奇器，也还是脱下衣服把它买下来。曾记得崇宁年间，有一个人拿来一幅南唐徐熙所画的《牡丹图》，要二十万钱才肯卖。当时明诚虽是贵家子弟，但要筹备二十万铜钱，谈何容易啊！我们把它留了两夜，终于因为筹不到钱，又还给了他。我们夫妇俩为此惋惜怅惘了好几天。

后来明诚罢官，我们回青州故乡闲居了十年。夫妇持家勤俭，衣食稍有了富裕。明诚复官后，又接连做了莱州和淄州的太守，把他的全部薪俸拿出来，从事书籍的刻写。每得一本，我们就一起校勘，整理成集，题上书名。得到书画和彝、鼎等古代酒器，也摩挲把玩或摊开来欣赏，批评上面的毛病。每晚品评，以烧完一支蜡烛为标准。因此所收藏的古籍，都能做到纸札精致，字画完整，超过许多收藏家。

我天性博闻强识，每次吃完饭，和明诚坐在归来堂上烹茶，指着堆积的书史，说某一典故出在某书某卷第几页第几行，以猜中与否比赛胜负，作为饮茶的先后。猜中了，便举杯大笑，以至把茶倒在怀中，起来时反而饮不到一口。真甘心在这个环境中过一辈子！所以我们虽处于忧患贫穷之中，而胸中的志愿从没有屈服过。收书的任务既已完成，就在归来堂中建起书库，把大橱编上了甲乙丙丁的号码，中间放上书册。如需讲读，就拿来钥匙开橱，在簿子上登记，然后取出所要的书籍。有时把书籍损坏或弄脏了一点，定要给予批评，并责令本人揩完涂改，不再像过去那样随便很不在意了。这真是想求得舒心，反遭致了恐慌不安。我性子实在忍耐不住，就想办法不吃第二道荤菜，不穿第二件绣有文彩的衣裳，头上没有明珠翡翠的首饰，室内没有镀金刺绣的家具。遇到诸子百家的书籍，只要字不残缺、版本不假的，就马上买下，储存起来作为副本。向来家传的《周易》和《左传》，原有两个版本源流，文字最为完备。于是罗列在几案上，堆积在枕席间，我们意会心谋，目往神授，这种乐趣远远超过那些追逐歌舞女色斗狗走马的低级趣味的人。

到了钦宗靖康元年，明诚做了淄州知州，听说金军进犯京师汴梁，一时间四顾茫然，只见满箱满笼都是书籍，一边恋恋不舍，一边怅惘不已，心知这些东西必将不为己有了。高宗建炎元年三月间，我的婆婆太夫人郭氏死于建康，明诚奔丧南来。多余的物品既不能全部载去，便先把书籍中重而且大的印本去掉，又把藏画中重复的几幅去掉，又把古器中没有款识的去掉。后来又去掉书籍中的国子监刻本、画卷中的平平之作及古器中又重又大的几件。经多次削减，还装了十五车书籍。到了海州，雇了好几艘船渡过淮河，又渡过长江，到达建康。这时青州老家，还锁着书册什物，占用了十多间房屋，希望明年春天再备船把它装走。可是到了十二月，金兵攻下青州，这十几屋东西，一下子化为灰烬了。

高宗建炎二年秋九月，明诚再度被起用任职建康府，三年春三月罢官，搭船上芜湖。到了当涂，打算在赣江一带找个住处。夏五月，到贵池，皇上有旨任命他知湖州，需上殿朝见。于是我们把家暂时安置在贵池，他一人奉旨入朝。六月十三日，开始挑起行李，舍舟登岸。他穿着一身夏布衣服，翻起覆在前额的头巾，坐在岸上，精神如虎，明亮的目光直向人射来，向船上的我告别。此刻我的情绪很不好，大喊道："假如听说城里局势紧急，怎么办呀？"他伸出两个手指，远远地答应道："跟随众人吧。实在万不得已，先丢掉包裹箱笼，再丢掉衣服被褥，再丢掉书册卷轴，再丢掉古董，只是那些宗庙祭器和礼乐之器，必须抱着背着，与自身共存亡，别忘了！"说罢策马而去。一路上不停地奔驰，冒着炎暑，感染成疾。到达皇帝驻跸的建康，患了疟疾。七月底，有信到家，说是病倒了。我又惊又怕，想到明诚向来性子很急，无奈生了疟疾，有时发烧起来，他一定会服凉药，病就更令人担忧了。于是我乘船东下，一昼夜赶了三百里。到达以后，方知他果然服了大量的柴胡、黄芩等凉药，疟疾加上痢疾，病入膏肓，危在旦夕。我不禁悲伤地流泪，匆忙中哪里忍心问及后事。八月十八日，他便不再起来，取笔做诗，绝笔而终，除此外没有"分香卖履"之类的遗嘱。把他安葬完毕，我茫茫然不知到什么地方是好。

建炎三年七月，皇上把后宫的嫔妃全部分散出去，又听说长江就要禁渡。当时家里还有书两万卷，金石刻两千卷，约可接待上百位客人的器皿、被褥。

其他物品，数量亦与此相当。我又生了一场大病，只剩下一口气。时局越来越紧张，想到明诚有个做兵部侍郎的妹婿，此刻正做后官的护卫在南昌。我马上派两个老管家，先将行李分批送到他那里去。谁知到了冬十二月，金人又攻下南昌，于是这些东西便全数失去。所谓一艘船接着一艘船运过长江的书籍，又像云烟一般消失了，只剩下少数分量轻、体积小的卷轴书帖，以及写本李白、杜甫、韩愈、柳宗元的诗文集，《世说新语》，《盐铁论》，汉、唐石刻副本数十轴，三代鼎鼐十几件，南唐写本书几箱。偶而病中欣赏，把它们搬在卧室之内，这些可谓肖然独存的了。

　　长江上游既不能去，加之敌人的动态难以预料，我有个兄弟叫李远，在朝任勅局删定官，便去投靠他。我赶到台州，台州太守已经逃走；回头到剡县，出睦州，又丢掉衣被急奔黄岩，雇船入海，追随出行中的朝廷。这时高宗皇帝正驻跸在台州的章安镇。于是我跟随御舟从海道往温州，又往越州。建炎四年十二月，皇上有旨命郎官以下官吏分散出去，我就到了衢州。绍兴元年春三月，复赴越州；二年，又到杭州。先夫病重时，有一个张飞卿学士，带着玉壶来看望他，随即携去，其实那是用一块形状似玉的美石雕成的。不知是谁传出去，于是谣言中便有分赐金人的话语。还传说有人暗中上表，进行检举和弹劾。事涉通敌之嫌，我非常惶惧恐怖，不敢讲话，也不敢就此算了，把家里所有的青铜器等古物全部拿出来，准备向掌管国家符宝的外廷投进。我赶到越州，皇上已驾幸四明。我不敢把东西留在身边，连写本书一起寄放在剡县。后来官军搜捕叛逃的士兵时把它取去，听说全部归入前李将军家中。所谓"岿然独存"的东西，无疑又去掉十分之五六了。唯有书画砚墨，还剩下五六筐，再也舍不得放在别处，常常藏在床榻下，亲自保管。在越州时，我借居在当地居民钟氏家里。不想一天夜里，有人掘壁洞背了五筐去。我伤心极了，决心重金悬赏收赎回来。过了两天，邻人钟复皓拿出十八轴书画来求赏，因此知道那盗贼离我不远了。我千方百计求他，其余的东西再也不肯拿出来。今天我才知道被福建转运判官吴说贱价买去了。所谓"岿然独存"的东西，这时已去掉十分之七八。剩下一二件残余零碎的，有不成部帙的书册三五种。平平庸庸的书帖，我还像保护头脑和眼珠一样爱惜它，多么愚蠢呀！

今天无意之中翻阅这本《金石录》，好像见到了死去的亲人。因此又想起明诚在莱州静治堂上，把它刚刚装订成册，插以芸签，束以缥带，每十卷作一帙。每天晚上属吏散了，他便校勘两卷，题跋一卷。这两千卷中，有题跋的就有五百零二卷啊。现在他的手迹还像新的一样，可是墓前的树木已能两手合抱了。悲伤啊！从前梁元帝萧绎当都城江陵陷落的时候，他不去痛惜国家的灭亡，而去焚毁十四万册图书；隋炀帝杨广在江都遭到覆灭，不以身死为可悲，反而在死后把唐人载去的图书重新夺回来。难道人性之所专注的东西，能够逾越生死而念念不忘吗？或者天意认为我资质菲薄，不足以享有这些珍奇的物件吗？抑或明诚死而有知，对这些东西犹斤斤爱惜，不肯留在人间吗？为什么得来非常艰难而失去又是如此容易啊！

唉！陆机二十作《文赋》，我在比他小两岁的时候嫁到赵家；蘧瑗行年五十而知四十九岁之非，现在我已比他大两岁：在这三十四年之间，忧患得失，何其多啊！然而有有必有无，有聚必有散，这是人间的常理。有人丢了弓，总有人得到弓，又何必计较。因此我以区区之心记述这本书的始末，也想为后世好古博雅之士留下一点鉴戒。绍兴二年，太岁在壬，八月初一甲寅，易安室题。

读完清照的后序，泪流满面。其夫妻之间的款款深情，阴阳两隔的隔世之恋，俏皮而灵动的表达让人读来既可笑又可爱还可敬。其语言简洁，内容丰富，情感丰润，让人无法不感动无法不落泪。虽然古文读起来有些拗口、难懂，但是深入之下会别有洞天，别有一番滋味在心头。译文虽然较容易理解但与原文相比，其感情其深意总觉不同。这篇序通过词人自己的叙述来方便我们准确了解核对所知的故事发生顺序，也算是其额外之功。古人的记载也好评论也罢，今人的整理总有偏颇之处，而通过阅读理解词人的著作，有助于我们更好地理解、贯通整个宋代发生的故事。

宋金交战，软弱的统治者一味求和，奉行不抵抗政策。

这种苟且保全的办法并不意味着他们不痛恨金兵。有些人是从骨子里痛恨，恨不能跟金兵对峙，恨不能战场上杀敌，如岳飞的《满江红》中"臣子恨、何时灭？驾长车，踏破贺兰山缺。壮志饥餐胡虏肉，笑谈渴饮匈奴血"，可见其恨之深其血之热。有些人是表面上恨金，背地里卖国通敌，如秦桧。他们不去想着战场杀敌，不去想着人民的流离失所而是专门找些"莫须有"的罪名来坑害别人。

独自漂泊的李清照，就在辗转流落中遇到过这种情况。她的丈夫活着的时候曾有一名叫张飞卿的学士携玉壶来看他，并请他鉴赏玉壶的真假。赵明诚仔细把玩鉴定之后，发现虽然是玉壶的样子实际上不过是石头雕刻的，只是精致一些罢了，并没有什么珍贵的价值，于是张学士就带着玉壶离开了。

赵明诚去世好多年后，朝廷中突然又有人出来说玉壶的事，说赵明诚把玉壶送给了金人，通敌卖国，应当问罪。这突如其来的祸事令清照这一孤苦人家惶恐不已，虽然她饱读诗书，虽然她有着超前的思想，但她毕竟是一介女流，在逃离战乱中还是对皇室充满了安全感和期待。面对这种"欲加之罪"，她失了方寸不知如何是好，不敢出来辩解什么，只好把家里所有的铜器等珍贵物件都上交朝廷。可惜的是皇帝跑得比兔子还快，这边她刚到皇帝的处所，那边皇帝已经又换了行在，总是赶不上皇帝的步伐。后来军队收服叛乱的士兵，将那些器物都送到了李将军家中；朝廷对于这件事始终没有定论，时间久了也就不了了之了。可惜的是清照的那些珍贵器物，可恨的是小人当道、流言伤人。

清照从小生在官宦之家，丈夫一家也都是官场中人，受此影响，一直对朝廷满怀希望。在她看来，或许皇帝所在的地方应该是最安全的地方吧，所以每次战乱中流落，她都尽量朝着皇帝的方向奔去。

她知道，一介女流，无依无靠，在当朝社会，能靠的也只有朝廷。

《金石录后序》完成之后，词人避乱金华。流落中又多有诗词出现，大都表达战乱中对故乡的思念，对统治者软弱无能的嘲讽，对有志之士的赞扬以及对孤苦寂寥的独居生活的失落。

绍兴十三年（1143年）前后，李清照将赵明诚遗作《金石录》校勘整理，表进于朝，以期能够得到朝廷的庇佑。此后，她仍多有文章现世直至孤苦终老。

第三章

旷世奇女

酒神梅骨词满飞

每个人都会有些自己的特点，这是人区别于另一个人的根本标志。就像世界上没有完全相同的两片树叶一样，世界上也没有完全相同的两个人，就连双胞胎还并行各异呢，更何况茫茫世界中的陌生人……

除了外貌以外，人在性格、爱好、思想、志向、情趣等诸多方面也会各不相同，如果有一些相似之处，那是他们的幸运，能有与自己志同道合的人相伴一生，该是件多么有福气的事啊。如果在漫长的人生道路上，能够有一个人理解你的思想、了解你的脾气、包容你的性格弱点，即使你的所做所为在大家眼里有些难以接受，但是在他那里能够得到肯定，知道你的出发点是善良与助人，知道你冷漠的表面下是一颗渴望温暖的心。那么这样的人即使做不成伴侣，即使相隔万里，即使只是偶尔的注视与关怀，那么也足够温暖一生，引以为知己了。

我们总会有一些这样、那样的兴趣爱好，也因此能在每个不同的爱好里结交一些新的朋友。就拿学习这件事来说吧，如果喜欢画画，那么在素描班里你会找到朋友；如果喜欢弹琴，在琴房里你会找到知音；如果喜欢探索，在科普班里会找到一些出其不意的惊喜。

可是，如果喜欢喝酒呢？我们常说喝酒的朋友是狐朋狗友，因为大好的年华、大好的岁月，本该做一些更加有意义的事，这些人却经常在酒桌上喝得酩酊大醉，不光损害了自己的健康还给他人带来的诸多的不便，所以谁也不愿意与一个酒鬼终日为伍。

当然，酒对每个人所产生的影响也不尽相同。就拿李白来说吧，虽然后世称其为"诗仙"，但对酒精的依赖度也不小，最后还落得个捞月而死的浪漫结局，实际上很可能是喝醉了掉进湖里淹死的，所以说他也算得上"酒神"了。估计他每次喝多了都会诗兴大发，于是其灵通、其飘逸其豪放就自然于笔下流淌。

再比如李清照的丈夫赵明诚，他就只对金石古物感兴趣，一生都只为金石而奔波，从小就立志找遍天下的金石书画，他是这样做的，也在这方面做出了很大的成就。

那么我们的词人李清照呢？叫我说她的一生有两大兴趣爱好，一个是与酒有关，一个是与梅有关。从她的诗词里就能很好地验证这一点。

有兴趣爱好并不是件坏事，相反，好的兴趣还能引导一

个人通向成功。就像我们读书，要喜欢读，读来才有收获才有新意。要不怎么说兴趣才是最好的老师呢。对于清照来说，或许因为爱酒，所以高兴时喝酒起舞、吟诗作词；痛苦时也喝酒，释放心情，醉意蒙眬中将所有的心情所有的离愁别恨都写于笔下，酣畅淋漓。酒，对于她来说或许已经成了生活中不可缺少的动力。那么梅呢？依我看，梅也早已成了她生活中必不可少的调剂。梅的高洁品性不正是清照孜孜追求和在自身生活中——印证的吗？

所以在我看来，酒给了她广阔而无尽的精气神，而梅则成就了她矢志不渝的高雅情操。有了清酒香醇的韵味，有了红梅不屈的胸怀，何愁字里行间不露风骨，风骨之中不留情怀？情怀之外尽是景象，看似平常，细细品味，其平淡中有着感情的惊涛骇浪。下面，我们就从以下的几首词中先简单了解一下清照的诗词特性吧。

如梦令·昨夜雨疏风骤

昨夜雨疏风骤，浓睡不消残酒。

试问卷帘人，却道海棠依旧。

知否？知否？应是绿肥红瘦。

这首词用33个简单的字细致而形象地描绘出了词人当时的心情和神态。文字是静的但是情感却是动的。"浓睡不消残酒"的原因是什么呀？为什么睡了这么长时间酒意还未全消，喝了多少酒，又为何而饮酒呢？

答案来了，原来都是那在暴风骤雨下的海棠花惹的啊。花好好地开着，可是突然的大风大雨令它们惴惴不安地摇晃起来，看此情景，词人不免阵阵担忧，不忍心看着它们凋落，不忍心看到残花满地，于是只好拿她喜爱的酒来麻痹自己。原本酒量就不大，此情此景未饮先痛心地醉去一半，到了第二天，估计担心海棠的情况而不愿意早早醒来，即使醒来也不愿意面对现实，让自己且先混沌着。可见酒的威力的确不小，不然怎么有"绿肥红瘦"的传世之作呢。倘若没有酒也就没有醉之说了，既然是醒着的，想必海棠的情况就要自己去了解了。酒在此起到了一个过渡与舒缓的作用，其精气神让词人的感情一泻千里，其迷魂尽让词人的看法脱口而出，干净利落，毫不拖泥带水，又充满创意与新奇。

浣溪沙·莫许杯深琥珀浓

莫许杯深琥珀浓，未成沉醉意先融。疏钟已应晚来风。

瑞脑香消魂梦断，辟寒金小髻鬟松，醒时空对烛花红。

清照对于喝酒这一乐趣是有很高的境界的，只是把玩欣赏着酒的颜色就已经有三分醉意了，所谓酒未穿肠而魂先销蚀。琥珀，松柏树脂的化石。红者叫琥珀，黄而透明的叫蜡珀，这里的"琥珀浓"意在说明酒的颜色为深红色。我们不妨发挥想象，深红色岂不同现在的红酒类似，先是轻轻地晃晃醒酒，闻闻酒的香味，轻轻地小啜那种滑润幽香已经沁入心肺，顿时意志瓦解，所有的一切都与自己无关，只剩下这酒的余味飘香了。可谓是"酒不醉人人自醉"，自己在深闺中独饮，醉了也就睡过去了，其窘态也不会被他人看到。醉意蒙眬中好梦连连，只可惜随着时间的推移，瑞脑已经燃尽了，自己也从梦中醒来，回味着梦中的情景连连出神，头上的髻松了也懒得梳理，独自对着那红烛发愣。可见，这美酒不光能给词人以创作的激情还能给她好梦、好期待、好心情。

永遇乐·落日熔金

落日熔金，暮云合璧，人在何处？
染柳烟浓，吹梅笛怨，春意知几许？
元宵佳节，融和天气，次第岂无风雨？
来相召、香车宝马，谢他酒朋诗侣。
中州盛日，闺门多暇，记得偏重三五。
铺翠冠儿，捻金雪柳，簇带争济楚。
如今憔悴，风鬟霜鬓，怕见夜间出去。
不如向、帘儿底下，听人笑语。

　　清照善饮，独自对月感怀、对花伤情的时候较多，这首词不同以往，是一首朋友邀她一起出去游玩的诗句，向她这种从小喜欢热闹、喜欢呼朋唤友饮酒作诗的人在大好的天气里都谢绝了这种善意的邀请，想必一定是有原因的。

　　夕阳像天上掉下的大块金石，光彩耀眼；天上的云凑到的一起，面对此情此景词人不禁一阵恍惚，我这是在哪呢？柳芽茂密繁盛，随风起舞的柳絮像是天上的云烟，春意盎然。在热闹熙攘的元宵节日里，天气非常好，给节日的气氛又新添了许多的浓烈。面对这大好的时节，朋友来邀她一块出游，漂亮的马车就在外面，饮酒作乐的活动在向她招手，

她却一改常态，不愿意随友共度佳节。心中的事自然无法言说，只好搪塞道：我怕一会儿来场暴风雨，我就不出去了，你们尽情地玩吧。

为什么生性乐观开朗的词人会有这样的感念呢？原来啊，这个时候虽然外面一片祥和的街景，节日的气氛也很浓烈但是这只不过是表面现象。其平静下的波涛汹涌是人人担心害怕的战争。做这首词时正处于宋金休战的时代背景中，隔江犹唱后庭花，更何况长期的战乱使人民身心俱疲，有个安定的日子，哪怕一天两天也值得放松几下，自古以来人总是有种很强的得过且过的人性弱点，这是任何时代、任何社会改变不了的。

清照不同于一般的人，她有思想，有深深的国破家亡之愁，有浓郁的忧患意识，所以即使面对暂时的和平景象，也不能让她那颗久经风霜的心明媚起来。饮酒固然是一种兴趣，但面对此情此景实在没有心思。想起曾经的岁月，曾经的大好年华，那个时候也是柳吐新芽、花开繁盛的春天，最喜欢三五月的时节，天高云淡，能够与丈夫一起赏花，能够与朋友一起春游。可是如今，战乱横生，丈夫已经病死，只剩下我一个人孤苦伶仃地四处流浪，岁月的风霜已经将额头鬓角都染白了，满身的憔悴慵懒已经使自己不愿意再走到人群里了，只愿意透过窗听听外面的世界。

这首词景物的描写让人心生喜悦与向往，仿佛大好的天气大好的景致在向你招手，难能可贵的是你不是一个人在独酌，你的朋友跟你一起欣赏同酌。但所有的这些都不能激起词人的外出情绪，可见其愁苦之深，其悲情之大，其家国之恨。这个时候的李清照宁肯一个人喝闷酒、喝苦酒，也不愿

同人一起喝共度佳节之酒。

菩萨蛮·风柔日薄春犹早

风柔日薄春犹早，夹衫乍着心情好。睡起觉微寒，梅花鬓上残。

故乡何处是？忘了除非醉。沉水卧时烧，香消酒未消。

文人自古多敏感，乐时饮悲时亦饮。快乐的时候是为了分享喜悦，悲伤的时候是为了麻痹自己逃避现实。这首词就是在这样的心理下应运而生的，一句"故乡何处是？忘了除非醉"简单明确地表明了作者的心情。

阳光明媚的日子里，春风柔和，换上春季的轻薄衣裳感到一种轻松和愉悦。一觉醒来觉得有点冷，头上的斜插的梅花已经枯萎凋落了。这里的妙处就在于词人不说心情变了，而是通过寒冷、残花这一系列冷性词来暗示那种心情的忽转急下。朝北望去的故乡啊，怎么能够忘记呢，只有通过喝酒来逃避思乡北望的情思。醉到何种程度呢？香炉里的香都灭了，酒还没有醒，可见其酒意之浓、醉意之深。

这首词里既有酒麻痹催化的作用又有梅的暗示转化作用，作者对两者的喜爱与依赖不言而喻了。不仅这首，前面提到的《永遇乐·落日熔金》也是梅与酒并存，情与意同在。

不同时期的作品所表达的心情是不同的，对于李清照来说，梅似乎贯穿了她的整个人生，她已经与梅同化成一体，梅即是清照，清照即是梅。她想表达的思想心情托梅来传递，可谓梅我两忘。当然，不同时期的梅所表现出来的精神也是不同的，而每次托梅言情都有其特定的时代背景与文化意义。就拿这首《孤雁儿》来说吧。

孤雁儿·藤床纸帐朝眠起

藤床纸帐朝眠起，说不尽、无佳思。

沈香断续玉炉寒，伴我情怀如水。

笛声三弄，梅心惊破，多少春情意。

小风疏雨萧萧地，又催下千行泪。

吹箫人去玉楼空，肠断与谁同倚？

一枝折得，人间天上，没个人堪寄。

词前有小序："世人作梅词，下笔便俗。予试作一篇，乃知前言不妄耳。"意思是说，世上有很多人喜欢做有关梅的诗句，只是往往写来的不如想象得好，一下笔就知道把梅写俗了。今天我也尝试着来描写一下梅，一写才知道那不是信口胡说的。在这里，词人在前面加上小序，并不是看不起那些作梅词的前人，而是觉得在他们的笔下梅的品质姿态没能很好地展开，对她自己的评价也是如此，尽管她笔下的梅有其过人之处，但李清照还是保持了一贯的低调作风。

通篇阅读完之后，我们能够看出这篇词应该写于其丈夫赵明诚去世之后。我们先来看一下最后几句："吹箫人去玉楼空，肠断与谁同倚？一枝折得，人间天上，没个人堪寄。"吹箫人这里应该是用了一个典故，秦穆公时有一个叫萧史的人很善于吹箫，秦穆公非常欣赏他的才华造诣就将女儿弄玉嫁给了他，萧玉合鸣果然引来了凤凰，于是两个人乘着凤凰翩翩离去，其深意不言而喻，夫唱妇随羽化成仙。词人在这里写来想必是十分羡慕那种比翼双飞的萧史弄玉，后面的"人去楼空，肠断与谁同倚"就言及她自己了。想着吹箫人的故事，回忆着自己曾经跟丈夫的幸福生活，如今天人两隔，愁断肠也没有人知悉那份情意。"一枝折得，人间天上，没个人堪寄"，则延续了前面的人去楼空，人间、天上两个世界，纵然想折梅赠夫也没有办法。古有"折梅"赠友的典故，这里却"没个人堪寄"。可见其中的寂寥与悲苦落寞不是几句话几个字能表达得出的。

文章以清淡的情怀入手，只是梅花三弄、梅心惊破、风雨后的千行泪，最终都因折梅无人共赏而变换了心情，最后沉落于悲寂，定格在对亡夫的思念上，定格在对国破家亡的无限悲愤中。

可见通篇虽是写梅，实则由梅表现悼念亡夫的心情。写梅而不仅仅局限于梅的本身，也应算得上词人的一大创新了。

梅和酒对于词人的意义，上万字也不能全然表达，以上只是选取其中的几个案例作为解释以便和大家共同探讨。

梅的风骨、酒的酣畅淋漓对作者的写作给予我们的启示，对我们进一步了解词人的整个人生，都有着极其重要而广泛的意义。当然，我们能做的只是在学习中总结，在阅读中分类，在分类中进一步了解词人的种种心情以及心情折射的时代生活。

李清照与"李三瘦"

> 记得我们小时候总喜欢给别人起外号，甚至有时候不称呼那个人的名字而是直接喊他的外号。外号这个东西是一个人的代号，它不是随便看到什么就叫个什么，而是一定要与这个人有些关联，或是代表着他的一些特性。当然这么做是不文明、不礼貌的行为，人家听后也肯定不乐意，但是它至少从另一个方面显示了这个人的一部分特性。李清照就有一个这样的外号……

外号和雅号虽然都是对另一个人的特定称谓，但是有时候还是有着明显不同的。外号有时候略带调侃之意，而雅号则通常是出自于对人的尊敬，或因其在某方面有特殊的才能或贡献，喊的人一般都是满怀敬意的。

比如《水浒传》中的人物，梁山一百单八将，个个有名声个个有特色也个个都有个雅号。比如宋江，因为他喜欢给人排忧解难并且出现的都正是紧要关头，所以被称作"及时雨"。再比如说吴用，虽然叫吴用但不是真的没有用，相反他的作用还非常大，因为其神机妙算、足智多谋而被称作"智多星"，真是智慧多得像星星，他的那些妙计一次次地通过成功证明了他的智慧。

再比如我们党内领袖，他们人人也都是有雅号的。毛泽东年轻的时候被叫做"毛奇"，因为他主张"丈夫要为天下奇，读奇书，交奇友，做奇事，做一个奇男子"。周恩来则常被叫做"周公"，公是对人的一种敬称，通过这种尊敬的表达以显示对他的尊敬、爱戴和拥护。朱德不用说了，电视上书里尽是"朱老总"，以显示他的德高望重。而任弼时的外号是"骆驼"，叶剑英曾说："任弼时是我们党的骆驼，担负着沉重的担子，走着漫长的、艰苦的道路，没有享受、没有个人的任何计较。"所以任弼时有"骆驼"之称。叶剑英自己则被人呼为"参座"，因他长期在军队总参谋部工作，是难得的参谋人才。这是以他长期所擅长的工作来总结的。

不管是在哪个领域，凡是做出过杰出贡献的人大都因其某种特色而有另一个区别于名字的称呼，以显亲切同时也显示他的才能和特色。

我们的才情女子清照当然也不会例外。她有很多的别称，像她的号"易安居士"，那是她自己起的。再比如"婉约宗主"，那是因为她的词多婉约清丽，人们根据她的写作特点来总结的。还有就是我们下面将着重谈到的"李三瘦"。为什么叫"李三瘦"呢？她长得有那么瘦吗？当然，这里的"瘦"不是她的人瘦，而是她的作品喜欢以瘦入主来形容花容月貌，并且其中有三个特别出名，至今读来仍是耳熟能详。

第一个"瘦"，应是《如梦令·昨夜雨疏风骤》中的"绿肥红瘦"。绿，绿色。一般是来形容叶子。红，当然是指红色的花了。那么作者在这里将"绿肥红瘦"连在一起十分生动形象地将风雨后海棠的样子展现出来。绿和红相对应，正是代表了绿叶和红花两种不同的植物部分。肥和瘦是相对的，有胖的就必然有瘦的。叶子在雨的滋润下长得愈发丰润

壮硕，那么花肯定会在雨的摧残下败落。这是一种此消彼长的关系，对于海棠这株植物来说，胖了这部分必然会有相应的一部分瘦下去，以达到内部的平衡。这是一种内在的自然特征，又同时色彩鲜明，让人感觉眼前一亮。

对于这一清新奇妙的搭配，自古以来评论不在少数。胡仔《苕溪渔隐丛话》称："此语甚新。"《草堂诗余别录》中则表示："结句尤为委曲精工，含蓄无穷意焉。"黄蓼园在《蓼园词选》中则说道："绿肥红瘦，无限凄婉，却又妙在含蓄，短幅中藏无数曲折，自是圣于词者。"由此可见，这第一"瘦"果然名不虚传。

第二个"瘦"是《醉花阴·薄雾浓云愁永昼》中的"莫道不消魂，帘卷西风，人比黄花瘦"。这三句曾是清照的丈夫赵明诚"务欲胜之"的目标。相传当时夫妻分离，清照因思念心切遂取笔作诗寄于丈夫诉说种种离情别苦。丈夫收到后不仅感怀于妻子的挂念，更感怀于妻子的文采。所以这才有了闭门三日谢客、专心致志写诗以便能超过妻子的故事。有趣的是，他把妻子的这三句话掺杂在自己所写的句子中给朋友看，人家把玩再三后说出了心里话，"莫道不消魂，帘卷西风，人比黄花瘦"唯此三句最佳。由此可见清照的文采之新、情意之厚。

这三句简短的话组合在一起给人描绘出一幅动态感十足的画面。前面一句"莫道不消魂"用语气与后面的"帘卷西风"的动作连在一起，组成了一幅"人比黄花瘦"的画面。起到了前后相接、生动鲜明的作用。就像镜头特写一般，秋风徐徐吹来，黄花摇摇欲坠。最后这句中"瘦"字还是全篇的词眼，所有的一切景物也好、变化也好、情绪等等，都归

在了这一个"瘦"字上，可谓"瘦"是最终的结局与精神，而前面则是对"瘦"的详细解释。

第三个"瘦"应该是《凤凰台上忆吹箫·香冷金猊》中的"新来瘦，非干病酒，不是悲秋"。近来新添的瘦是为什么呀？不直接说明原因而是通过排除的方式让人来思忖。反正不是喝酒喝的，也不是伤秋伤的。那么结合前文也就会了解原来是相思导致的。词人这么写意欲何为呢？我想除了语言表达上的高超造诣以外，她是希望能够给人延展无限想象的空间。想象，对于文人来说是一种难能可贵的力量，想必词人也想将这种难得的力量传递于人间吧。冯延巳在《鹊踏枝》中曾写道："日日花前常病酒，不辞镜里朱颜瘦。"这酒是对花而饮的凋落之酒，天天赏花天天饮酒。酒多伤身，但为了那花不去在乎；在这里词人显然不是为此。宋玉在《九辩》中写道"悲哉秋之为气也！萧瑟兮草木摇落而变衰"，为秋天所悲伤，因为草木的萧瑟衰败而跟着憔悴，显然也不是那么回事。到底是什么呢？有什么样的理由能够比的上自然给予人的伤怀呢，是因为人吗？

在我看来，这里导致憔悴消瘦的原因还可以跟其他两个排除的选项做对比，看看是自然伤情还是相思更伤情。对于这里的瘦，清代文人陈廷焯曾评价说"婉转曲折，煞是妙绝"；当代词学大师唐圭璋则称："新来瘦三句，申言别苦。较病酒悲秋为尤苦。"这样看来还是离情更苦更容易让人消瘦悲情吧。

清照的词中对于"瘦"的运用并不仅仅局限在以上的这三个"瘦"中。像《多丽·小楼寒》中的"渐秋阑、雪清玉瘦"、《殢人娇》中的"玉瘦香浓"、《新荷叶·薄雾初零》

中的鹤瘦松青、《点绛唇》中的"露浓花瘦"等词句中均有
"瘦"的运用，只是其他作品里的运用没有以上三个传神或
没有以上三个流传得广而久吧。

新桐初引

自古以来，不管是千古传诵的诗句还是万古流
芳的伟大人物，他们都有其特别出彩的地方或者是
贡献，并且还不是一两处。事物都是有联系的，就
像是一个品德高尚的人一辈子不可能只做一件有利
于祖国和人民的事，一个在原子能方面有卓越成就
的人可能在物理学的其他方面也捎带着有所成就。
优异的表现与成绩都是有联动性的，李清照作为中
国文学史上最有成就的女词人之一，其贡献与才华
也不仅仅是在一方面体现。

李清照创造了"易安体"，开辟了白描韵律，对于从小
处着笔来体现其内心世界也同样有着创造性。

李清照的创作，最大特色之一就是开辟了词坛中的"微
观世界"。所谓微观，就是一些极细小的事情，小到很多人
不去注意。但是她将这些小字连接起来拼出一幅大的场景，
掀起一份隐秘的心情。

我认为清照词中的《念奴娇·萧条庭院》就十分鲜明地
表现了她的这一大特色，什么特色呢？那就是我们语文中经
常讲到的"以小见大、突出主题"。下面先来和大家分享一

下这首词并简单谈谈自己的一些感受。

念奴娇·萧条庭院

萧条庭院，又斜风细雨，重门须闭。

宠柳娇花寒食近，种种恼人天气。

险韵诗成，扶头酒醒，别是闲滋味。

征鸿过尽，万千心事难寄。

楼上几日春寒，帘垂四面，玉栏干慵倚。

被冷香销新梦觉，不许愁人不起。

清露晨流，新桐初引，多少游春意！

日高烟敛，更看今日晴未？

庭院、重门、柳、花、小楼、垂帘、玉栏、清露、新桐、日、烟都是再平常不过的自然景物，其中的大部分我们每天都能够看见并习以为常。但是词人却将这些平常的小东西连在一块加上一些形容词勾勒出一部生动的影片。其镜头清楚、气氛由阴郁转为清朗、人物情感细腻，层层递进，决绝而温婉。

首先映入眼帘的景象是什么样的呢？一句"萧条庭院"说明了故事所发生的环境。我们经常用秋风萧瑟来形容天气的寒凉、日光的稀薄、花落人孤独的景象。这里庭院萧条也暗示了人所处的环境是形单影只的。这种庭院萧索、清静寂寥又不同于白居易笔下的"门前冷落鞍马稀"，只是感觉偌大的庭院连个人都没有。紧接着"又斜风细雨"给出了一部分答案。外面正在刮风下雨，人们都躲到了屋子里，肯定院子里空空如也。人们都躲进了屋子里，没人看门也不行啊，

偌大的院子，万一进来个什么歹人怎么办呢，于是"重门须闭"。庭院中的门都一层层地关上了，反正也没有什么人来造访，可见这户人家平时也是冷冷清清的，男主人出去了，只剩下女主人和几个奴仆，在斜风细雨中，门庭更显得冷落不堪，大白天的就把好几重门都给关上了。

这一韵是先把环境和气氛带出，让人知道是这么一个庭院，又是这么一种天气。

紧接着"宠柳娇花寒食近，种种恼人天气"点出了这种斜风细雨发生的节气，寒食节快到了。寒食节又称"百五节"，在农历冬至后一百零五日，清明节前一二日。在那天前后，人们要举行些踏青郊游之类的户外活动。在春天的宠爱下，你看柳和花都显得格外娇媚，吸引着人们去细细观赏它们的姿态，可是老天爷却偏偏喜欢跟人开玩笑，在这个出游的大好时节里，又是刮风又是下雨的，总也停不下来，真是令人郁闷无比。更何况这风雨不定的天气阻止的又何止是出去春游的人们呢，它阻止的可还有丈夫的归程。

又不能出去玩，丈夫也不在家，一天天的不能总看着窗外发呆吧，做点什么好呢。镜头开始转向人了。

"险韵诗成，扶头酒醒，别是闲滋味"——从这一韵开始，就一步步指向人了，写人的感情，写人的心理变化。这位闺中少妇闷在屋子里显然已经很久了，觉得日子越来越不好打发，人也越来越闲得发慌。怎么办好呢？总得找点事情消遣消遣才是！她想啊想的，终于想到了，她是文人嘛，文人的兴趣和雅兴大都在文字上面了，那就写几首险韵诗来消磨时间吧。

什么叫险韵诗？我们知道诗是讲究押韵的，近体诗只能

押同韵部的字，不许换韵。根据韵部字数的多少又可分为宽韵和窄韵。除此之外，还有一些字数既少又偏僻不常见的，我们称之为险韵。以险韵作诗，需要多花很多心思也需要具备一定的文学素养。这样的诗能给人一种惊奇险峻之后的耳目一新之感。就像爬山一样，有的山一目了然、开阔平坦；有的山崎岖盘旋，一眼望不到顶；还有的山陡峭奇险，需要披荆斩棘才能达到山顶。虽然都是山顶，但是到达山顶的途径不同，所付出的艰辛也不同，当然所看到的风景与到达山顶后的喜悦心情也是不一样的。如今，清照在百般无聊的状态下就是想用险韵作诗来消磨时光。结果呢，这么生僻的险韵诗都写好了，天色还没有暗淡下来，只好再喝两杯闷酒了。

通常我们感觉人在高兴的时候喝酒，不容易喝醉。而在郁闷的时候喝酒很容易喝醉，因为人本身就情绪低沉，加上酒精的作用很快就被麻痹过去了，当然也有特例。

清照原本就喜欢喝酒，这会儿闲得了不得定是又在酒上使劲了。而这次喝的不是一般的酒，其性烈酒精含量高，一喝就上头，不然怎么叫"扶头酒"呢。

唐代诗人杜牧曾在《醉题五绝》诗里写道："醉头扶不起，三丈日还高。"姚合也曾在《答友人招游》诗里写道："赌棋招敌手，沽酒自扶头。"可见"扶头酒"并不是真的酒名也不是什么名酒，只是喝了会头沉，需要扶着头才能站稳的烈酒吧。

就像俄罗斯的伏特加，我们一般人喝了指定日晒三竿还醒不了酒也起不来床吧。可是我们的词人李清照呢？竟然在花了好多脑细胞做险韵诗后，接着喝烈性酒，两种自我摧残的方式竟不能麻痹其思想，万般滋味仍然掠过心头。到底是什么事让词人如此放心不下呢？

"征鸿过尽，万千心事难寄"——这一次回到正题上面了，原来这诸多的寂寞心事都起因于丈夫的远行未归。既然这样的寂寞无聊生活是因为思念丈夫，那么解铃还须系铃人啊，不然给丈夫写信吧，以诉说自己的近期生活和相思之苦。说时迟那时快，她立马拿起笔来抒写内心的种种感受，只是写完又涂掉，涂掉又再写，写来写去总是不能让人满意，只觉得心头的千言万语竟不能成一纸书信，最终还是把笔丢掉算了。

这一句的独特之处在于向读者交代了一个情节：她的丈夫正在外远行，她的种种闲愁也好心神不定也罢都是由于这个原因而产生的。不然的话即使阴雨天气也还可以跟丈夫一起煮茶斗诗，可惜现在身边连个说话的人都没有。

于是进入下阕。

"楼上几日春寒，帘垂四面，玉栏干慵倚"——这里的"楼上"想必是词人所居住的小楼了，"几日春寒"导致了"帘垂四面"。我们知道天很冷的时候把帘子拉下来会挡风，能够让室内的温度大致维持在一个相对稳定的状态。原因当然与前面的帘子四面都拉了下来有关了。可是词人为什么要倚栏呢？倚栏是为了盼望丈夫归来，如同我们在等人的时候往往站在高处眺望，看看能不能找到熟悉的身影。词人在这里倚栏凭望想来也不是第一次了，对丈夫的盼望估计得千百回了，左也盼来右也盼，可是就是盼不到人，所以词人又一次站在栏杆前。可惜的是这次因为连日的春寒侵袭，加上连绵春雨，四面的帘子都拉下来了，从而影响了倚栏的视线，让闺中人的寂寞心情更加烦闷了。

说道春雨，我们很多人会想起史达祖的《绮罗香·咏春雨》，其中说："沉沉江上望极，还被春潮晚急，难寻官渡。隐约遥峰，和泪谢娘眉妩。"便知道春雨是很妨碍游子归程的，任你再着急也不起什么作用。这里的"玉栏干慵倚"，多少也是因为知道倚栏是无用的吧，但是还是这样做，还是在内心里有殷切的期待与难耐。

下阕的起韵通常也叫做换头，既然是换头当然可以改头换面也就是另起新意或荡开去说了。如今词人却有意安排与上文藕断丝连，可见其运用的艺术手法是很有讲究的，也是灵活自如的。

"被冷香销新梦觉，不许愁人不起"——昨天的那一页已经掀过去了，还是无聊得很，本想睡个懒觉消磨一点时光的，可是被子是冷的，香炉里的香也已经灭了，好梦更是无法接起来，不起都不行啊，这凄冷让你不得不起，只是起得好不情愿啊。

"清露晨流，新桐初引，多少游春意"——不情愿地起来了，颓然地向窗外望去，眼前突然一亮。原来第二天早上外面的光景竟然和昨天迥然不同。穿好衣服朝门外走去，竟发现露珠儿在叶子上打转，在花心里，聚拢成一团一簇的荡漾，最终花心撑不住了一点一滴地往下流淌，弄得地上的泥土都湿漉漉的。再往树上看，原来梧桐树上已经冒出了新芽，树梢顶上的枝条好像一下子也长高了许多。多美好的早晨啊，这景色这天气直勾起人们外出游玩的心。

据考证"清露晨流，新桐初引"两句，原是从刘义庆的

《世说新语·赏誉》里引过来的，因其用的恰到好处，深受词评家的赞赏。这八个字，恰好能透出一种新鲜的气氛，似乎能够闻到雨后晴朗的阳光，也似乎能够感受到雨后清新而明亮的景致，全都是耳目一新、惊喜不断的样子，它同时也暗示着天气开始向好的方面转变了。

"日高烟敛，更看今日晴未"——词人静静地看着天空，头顶的烟雾正在渐渐地散去，升得很高的太阳时而在云层里露出脸来，它一露脸整个院子都明亮了起来，并且充满阳光的影子，想必今天是个晴天，太阳多少天没来过了啊。一边甩着胳膊活动着腰身一边注视着天上的云和日，看看今天到底是不是晴天。

以上曲曲折折、反反复复，就是整首词所要表现的人物心理以及围绕着这个心理所付诸的一些实际行动。景物的刻画与环境的烘托也都是为了诠释一直萦绕在词人心头的那种寂寞心情。像这种细腻而真切的表达，也只有词人这种深闺女子才做得来吧？

电影有豪华阵容、特技丰富的大片，像《狂暴飞车》、《风云之雄霸天下》；也有很平常、很普通却深入人心的小制作，像《疯狂的石头》《人在囧途》。它们虽然分类不同、构成不同但最终达到的目的是一样的——尽可能多地吸引人们的眼球。而后者无异于是获利最多的，因为它成本很低但又因其主题鲜明，情节有趣而获得较高的票房。好电影光有好导演好演员不行，还得有好剧本有好情节有打动人心或令人耳目一新的东西，可能它很大也可能它很小。

我感觉清照的这首词就有点像个小剧本，其情节简单但内容背后的实质需要人们去延展，它不是直接说出来的而是

通过人物描写让人们感受得到的，可以说由细微处见真情，浅显易懂。

夏日绝句

才情女子李清照是婉约词派的杰出代表，一部《漱玉词》道尽了她一生的坎坷炎凉，虽然她也曾经有过幸福安稳的日子，但是晚年生活却十分不幸，一个人孤苦伶仃、冷冷清清地度过流离的岁月……

从一个方面来看，清照是幸福的，因为她能够通过语言来表达心情，她想必不会知道她的文字能够千古流传并对后世产生深远的影响，她也不会知道她的名字她的诗词被各种文献收录其中，或许她也曾想过就像我们有时候也想自己的文字被印在充满墨香的纸上时的那种心情，但是想象对于我们来说只是一种自我激励与对目标的向往，其仅仅局限在某一个时刻，而清照的名字、清照的文字、清照的画像等有关她的一切被后世所推崇与传扬，这种近千年的社会影响想必她未曾憧憬过吧。

清照以词闻名，但是在诗歌方面也有很高的才华。她是婉约派的杰出代表，其文字轻巧隽秀、清丽柔美，简约而不失浓情，如同小桥流水一般静静地流过四季流过山川流过每一寸土地。同时她又性格刚烈有着很多男儿不曾有的铮铮铁骨，气魄恢弘，正气浩然。她的一首四言绝句，用简简单单的二十个字表达出一番惊天地泣鬼神的雄浑壮烈。人活着应该成为什么样的人，人死后应该成为什么样的人，通过历史名人的名节气度来影射今人，应该有着怎样的骨气和爱国情怀？这首诗就是有名的《夏日绝句》。说夏日绝句或许会有很多人不知道是什么，但一旦说诗的内容"生当作人杰，死亦为鬼雄。至今思项羽，不肯过江东"。大家就恍然大悟了。的确诗本身的文字内容比题目更让人熟悉。

"生当作人杰"，人杰当然是人中的豪杰，人类当中杰出的、有名望的、名至实归的有骨气有德行的人。"人杰"应该是我们的毕生追求，人活着总要有点目标才行，总要树立一个正确的价值观才行，总要不辜负社会不留人话柄耻笑才行。一个没有思想的人或意志不坚定的人是无法朝"人杰"的方向走去的。开国功臣张良、萧何、韩信就曾被汉高祖称为"人杰"。

"死亦为鬼雄"，鬼雄当然是鬼中的英雄。屈原《国殇》："身既死兮神以灵，子魂魄兮为鬼雄。"不管到任何时候都要有气魄有毅力有不屈不挠的精神，不能因为眼前的一点困难，也不能因为即将面临的严峻的考验而丧失尊严丧失意志，就是死也要死得光明磊落，死得有骨气，死得有价值。

"至今思项羽，不肯过江东。"项羽是西楚霸王，他不擅长运用权术而是喜欢凭真刀真枪赢得天下。可惜的是他被善用权术、谋略的刘邦打败，后突围至乌江，自刎而死。当年那场战争，他是有赢的可能的，只可惜刘邦通过一些手段和谋略让其军队士气涣散、土崩瓦解。就是在这样的情况下，项羽还独自一人斩敌无数，没有人能够打败他，最终突围至乌江。过了江就是他的父老乡亲，如果重整旗鼓，他日卷土重来也未可知，但是他的自尊心、他的英雄气节都不容许他逃跑，不容许他忍辱负重、苟且偷生地活着，乌江亭长百般劝解无果，最终项羽慷慨赴死以报江东父兄之厚爱。

他的这种举动虽然有所争议，但其气节和精神令人感动，他是一个无愧于天地、无愧于自己、无愧于江东父老的顶天立地之人，他用生命谱写了一曲忠于英雄之名、忠于大丈夫之气的慷慨激昂之歌。几千年过去了，至今我们想起的都是他的气魄和胸襟，而不是他的战败，可见其豪气充斥云端。词人在这里思项羽不肯过江东的典故也就意在说明对南宋统治者的失望与唾弃。皇帝一味地求和一味地逃跑，这种不战而逃的软弱、低声下气没有骨气的求和令词人是无法忍受的。只是她一介女子，报国无门、壮志难酬。别说她是女子，就是男子又怎样呢？能征善战的岳飞将军不是被统治者活活给杀害了吗？词人能做的也只有通过铿锵的文字来表达那种悲愤的心情以及英雄的怀想。

说起这首诗似乎还有一个引子。

赵家家道中落以后，夫妻二人回青州老家过着安稳和谐的幸福生活，清照原本曾一度想老死在这样的生活里，可惜公元1127年，京城的陷落，徽钦二帝被掳走，一切都被改变了。北宋灭亡南宋建立，赵构成了南宋的第一个皇帝，并定国号为"建炎"。这个皇帝显然深谙治国之道，虽然对外软弱无能但对内却权衡利弊把握得很好，对长期斗争的新旧两派都给予相对平衡的重用，以维护他那脆弱的统治。清照的丈夫赵明诚就是在这时候重返仕途的。汴梁陷落后皇帝南逃，恰逢赵明诚被任命为建康知府，原本抱着为国效力的志向，可惜，好景不长。没事的时候志向很坚定，有事的时候志向就动摇了。

一个万家灯息的静谧夜晚，忽然城中一声炮响，发生叛乱。原来是御营统制官王亦在江宁谋变，蓄意已久，突然爆发。江东转运副使李谟得知叛变之事后，快马加鞭告之赵明诚。事发突然使得赵明诚惶惶不知所措。李谟当机立断采取了紧急措施，使王亦不得不开南门逃走，叛乱被平息。将近天亮的时候，李谟去探望赵明诚，并想要告诉他危机解除的消息，没想到的是身为知府的赵明诚竟与通判毋丘绛、观察推官汤允恭用绳子系住从城墙上弃城而逃。后来毋、汤皆抵罪各降两级。赵明诚也被罢了官。

身为地方长官的赵明诚没有身先士卒保护城池，在关键时刻竟然弃城逃跑，这使得有大节大义的妻子李清照又一次蒙受了国耻家恨。事情尘埃落定之后，赵明诚被撤职。但在有豪情和节义的弱女子心中却种下了羞愧的种子。

赵明诚被撤职之后，夫妇俩继续沿长江而上向江西方向辗转流亡，一路上难免会有些不自在，与和平年代的和谐夫妻感情相比更是无从谈起。当行到乌江时，面对滔滔江水，想起乌江边上拔剑自刎，将国破家亡的仇恨化成自己炙热的鲜血的英雄项羽，心潮澎湃、感慨万千。顿时吟诵出"生当作人杰，死亦为鬼雄。至今思项羽，不肯过江东"这一千古著名诗句。这是清照报国无门饱含热泪写成的宣言和誓言，也是对自己挚爱的丈夫的责备和希冀。赵明诚细细品味着妻子的良苦用心，懊悔不已。第二年，赵明诚复被起用，有鉴于前事，誓要有一番作为。可惜的是在上任途中就因急病而殒命。

国破家亡，给清照带来无比巨大的打击，从此她开始了更加孤寂、愁烦的漂泊生活。这也是清照人生最痛苦的转折点。在这豪言壮语之后，便不再出现如此潇洒的豪情，更多的是面对世事难料和漂泊不定生活的忧虑和愁绪。词风更加悲苦、凄凉。

李清照《夏日绝句》以漂泊流离的女儿之身抒写了气势雄浑、千古绝唱的爱国之义，立意高于众人几层。其手起笔落处，端正凝重，力透人胸臆，直指人脊骨，令很多文人士大夫汗颜不已。

这首诗也奠定了李清照女中豪杰的文学形象，与她以往的温文尔雅、闲愁别恨、寸断柔肠的词相去甚远，自古以来颇受重视。在她以婉约柔美为主的作品里，这首诗的刚劲有力也就显得格外引人注目了。这也暗示着词人一直以来兼具多种文学气质与深厚底蕴。

这首诗可以看做是一篇借古讽今之作。通过对项羽的追忆，一方面引申出当前的朝廷偏安一隅、毫无斗志的软弱；另一方面通过对生死的拷问，对个人价值实现的追思阐述了自己的生为豪杰、死亦为英雄的豪爽性格和英雄气概。

区区二十个字首先阐发了女词人的人生价值取向：活着，就要是豪杰，建功立业有豪情和丰功伟绩；死了，仍可为鬼雄，献身为国死而后已。充分展现女词人的爱国情操，而当时的宋朝政府却弃国南逃，偏安一隅，苟且偷生。这是词人的豪情所不能容许的，所以李清照发出振聋发聩的呐喊"生当作人杰，死亦为鬼雄"，展现自我的爱国立场和万丈豪情。

多憾人生

李清照是宋代著名的词人，婉约词派的杰出代表。赵明诚是宋代杰出的金石学家、文物收藏家及鉴赏家。两人情投意合，成就斐然却没能生下个一儿半女，这不能说不是个遗憾。他们的衣钵无人继承，他们的续篇也无人能写，这是他们的遗憾也是我们后代人读他们的遗憾。

至于他们何以无嗣，我们无从考证，只有当事人清楚，但事已过千年之久，更是无迹可寻。我们能做的只是从其留下的文字中寻找蛛丝马迹并展开想象了……

或许赵君无嗣有其生理方面的内在原因，但是外在的环境因素也不容忽视。他们的结合可以说是幸运的，因为彼此相爱并有共同的兴趣爱好，以至于在漫长的艰苦岁月里夫唱妇随数十年依然乐此不疲。但是他们所处的时代又是不幸的，和平时期朝内斗争不断并且接连升级，连清照都难以幸免于难。

现代的法律只是针对于罪犯，而古代祸及子孙的事时有发生。有时候是为官的一家之主犯了大错，有时候他们只是被冠以某种罪名，根本不给解释的机会，也不考虑什么民意，一道圣旨就被发配到边远的地区。

李清照的父亲李格非是进士出身，清正廉洁，专于著述经学，在他的不断努力与追求下，名声越来越大，并且受到苏轼的赏识。所在在苏轼在任期间，其仕途一帆风顺。可惜好景不长，垂帘听政喜欢祖宗法制的太后驾崩了，小皇帝即位，新法开始盛行，也就意味着政治风云突变的开始。前期受到压制的新党趁机打击元祐党，并努力将其处于永世不得翻身的地步。

李格非只是个小官，并不会受到太大的灾难。起初新党就曾向他伸出橄榄枝，只要顺应局势定能官运亨通，但李格非是个感恩图报之人。既然受恩于苏轼便不会见风使舵，最终招致新党痛恨，从而被贬他乡。起初的政治迫害还只是被贬谪，后来斗争愈演愈烈，发展到被革职返乡、不得留京的地步。

新婚不多时的清照自然也被牵扯其中，虽然公公赵挺之为朝中丞相，但人家采取明哲保身的做法，并规劝儿子也不要管其事，最终李格非不得不携家眷回明水老家。随着朝廷对元祐党的打击越来越严重，诏令一个一个地不停更新，严格限制元祐党的子女在京城居住，最终清照只好回乡投奔父母。

清照嫁给赵明诚时十八岁，那个时候赵明诚还是太学的学生，他们两个还都是孩子，恐怕对生儿育女的事情并不是很放在心上。虽然古代并没有专门的避孕措施，但是正在上学的赵明诚一个月才回家两次，而每次都是买些妻子喜欢吃的新鲜水果、零食以及自己钟爱的金石碑刻回家与妻子团聚。想必尚带孩子气的他们只是沉浸在团聚的喜悦与分享的快乐里，赵明诚定会滔滔不绝地跟妻子讲手里的新玩意儿以及二人共同把玩欣赏，并没有太多的精力思及生儿育女之事。

新婚后的第二年，也就是宋徽宗崇宁二年（1103 年），赵明诚靠着家里的关系当上了小官，而朝廷却颁布政令禁止元祐党人子弟居京，清照被迫离京。夫妻分别，自然生育一事又无从谈起。

23 岁（宋徽宗崇宁五年）时，朝廷大赦天下，除党人一切之禁，这时清照由原籍返汴京。几年不见，似乎赵明诚并没有多少相思之苦，他一边做着他的小官，一边喝着酒还有歌妓舞女的陪伴，不亦乐乎，哪还记得妻子的孤苦凄凉呢，想必这个时候他们更不会有生儿育女的期待。

又过了一年，赵挺之在与蔡京的争权夺势中死去。他一死，整个家族都受到蔡京的迫害，锒铛入狱，后因证据不足而无罪释放，但是随着父亲庇佑的消失，他们的官职也都不复存在了，只好返回青州老家，清照欣然同往。这一待就是十年，其间既没有来自官场应酬的压力也没有歌妓舞女的环绕，他们两个也还都年轻，按说在此期间是有机会生育的，但是仍然没有一儿半女。想必这时候的赵明诚是苦闷的吧，身份由丞相之子一下子变成了庶民，内心多少会有些不甘，但是事已至此只能接受。于是他把所有的心思都放到了金石书画的研究上，并有所成，在清照的协助下，大致完成了《金石录》的编写。清照是何等聪慧之人，自然会了解丈夫的心意，于是一心扑在金石的整理分类上，在文学艺术上与丈夫得到共鸣，收获内在的一些愉悦感受。他们花费了大量的时间来做这件事，自然传宗接代之事远不及那些金石古籍重要。他们也并没有刻意为了传宗接代而稍事休息，总是马不停蹄地在赶时间。"每遇苏、黄文诗，虽半简数字必录藏，以此失好于父"的赵明诚，还有每遇收集文物空囊就脱衣市易的嗜好，想必是把人生过程当做了研究金石书画等文物的旅行，基于这样心理的赵明诚，对于妻子是否该生孩子了应该是淡漠视之的。

重和元年（1118年），赵明诚被起用。那时清照已是三十五六岁的中年妇人，加上长期生活简朴，而又把大部分精力都放在丈夫的金石研究上，自然气色皮肤都会暗淡。这时候的赵明诚又是"武陵人"、又是"章台路"的纳妾之举自然不会令清照愉快，他们两个的爱情结晶也就无从谈起了。

后来清照为了寻回曾经的甜美爱情，在青州姐妹的鼓励下，独自前往莱州与任莱州知州的丈夫团聚，可惜的是她再一次受到丈夫的冷遇。封建社会的女人哪有自主权啊，都是男人休妻，女人休夫的着实少见，尽管清照在再婚时也干过这事，但那是她的灵魂受到了玷污。她与赵明诚的感情不是一般的深厚，虽然赵明诚有出轨的行为，但是在宋代那是合法的并且是再平常不过的事情了。

如何让丈夫回心转意呢？清照与赵明诚的默契结缘于文学素养，那么最终还是得在这方面努力才行啊。于是清照在那简陋的小破屋里独自编纂整理《金石录》的后序部分，最终赵明诚被感动，于是痛改前非，摒弃那些不良嗜好重新投入到《金石录》写作当中。感情有所缓和的他们一个心中略有阴影一个全身心地投入到《金石录》中，在精神上两人高度融合可是在生儿育女方面似乎并没有太多的期待。《金石录》就像他们的孩子，甚至比骨肉血亲还重要、还更有吸引力，以至于二者在这方面被同化，终其一生不曾放弃。

至于赵明诚跟其他的歌妓舞女有没有孩子，那就更不得

而知了。很可能也没有，身为官员的赵明诚至少还有些权力，如果其他女人为其生了孩子早就抱着孩子来找他以求享受荣华富贵了。也可能与赵明诚相交的人知道他家里有词妇在，情感上不能战胜，而赵明诚虽是知州但俸禄也不是很多，并且还把钱都用在了金石的收集上，又不会贪污腐败，估计现实的歌舞中人也不愿为他背上个沉重的包袱，具体的实情是怎样的呢？这些又哪能为外人知道呢，所以想象吧。

再后来北宋灭亡，夫妻二人开始了南渡的生活。兵荒马乱的年月里，二人的精力都放在如何保护收集来的金石字画上，哪还有精力和情趣谈及生儿育女之事呢。就这样，直至赵明诚在上任的途中病死，二人也没有留下任何的爱情结晶，只有一本《金石录》。或许在与丈夫通往金石的路途中，李清照早就被同化了，那个闺阁里的才情女子不复存焉，存在的只是一个跟赵明诚极其相似的人，她完完全全地被赵明诚的人生志趣操控了，有时候赵明诚爱她就像爱自己一样。人们常说嫁鸡随鸡，嫁狗随狗。在家从父，出嫁从夫，自结婚以后所有的精力自我都放在了丈夫身上。女子与男子，或许人生就是如此精妙绝伦吧。可是《金石录》是死的，人是活的呀，没有子女也就无人陪伴无人说话无人继承衣钵，只好孤身到老了。

虽然有过二婚的经历但毕竟短暂。并且婚后很快就就发现张汝舟的市侩小人面目，对其憎恶还来不及呢，恨不能早日脱离魔掌，还怎么会跟其育有一儿半女呢。悲惨的人生，不幸的命运啊。

翻开李清照的一生，你会发现她的一生中独处的时候非常多。那些寂寞的诗句也多是从独居中而来，其聊赖之至无人能及。有时恍若不食人间烟火，不懂人间情爱。或许在她的心里最美好的莫过于形式上的拥有与精神上满足。

水至清则无鱼，人至察则无徒。她天赋异禀、才华出众、博闻强识又有很好的家世及耳濡目染朝廷局势的环境，这些内外因素的结合令她不走寻常路。而是在其擅长的文学领域大放光彩。十六七岁刚到京城的她便以两首《浯溪中兴颂诗和张文潜》的诗文而被士大夫称赞不已。小小年纪，尚处于闺阁中的她竟对历史、对政治、对朝廷更迭、对权势起伏如此透彻，令很多在朝的士大夫钦佩不已，这不能不说她的才学出众，异于常人。我们都知道，交朋友也好找玩伴也罢，大都志趣相投、差别不大。

在当时的封建社会，大户人家的闺女也仅仅是读书识字，像清照这般爱书的且过目不忘的几乎没有。清照跟同龄人往往不能经常玩在一起，因为缺少共性。人家的针线女工她做不来，她的诗情画意人家不懂。所以这种天赋异禀的特性决定了她的人生是孤高的，也决定了她的灵魂是不容玷污与践踏的。不然也不会在二婚时，宁可同归于尽也不愿委曲求全，因为她的内心不允许她这样做。清照实际上是个特别简单纯粹的人，简单到粗茶淡饭，有家人在身边，有书可读有文字可写就能满足生活。对于那些名利、对于华贵的生活，她从来不向往也不迷恋，她只是想简单地、单纯地过好自己的日子。哪怕失去了自我，完全被丈夫的金石志趣所同化。

离群索居的生活原本就是不真实的人生，可是她却在那种不真实里活出了自己的真实。其情至真至纯，其词至情至性，无人能及。

可以说清照的前半生（即丈夫赵明诚死前）幸福愁苦各占一半，那是正常的居家生活。后半生则愁闷孤苦的时候较多。国破家亡，流离失所，可见一个无依无靠的老妇人生活有多不易，好在她还有书、她还有笔、她还有思想、她还有文字，不至于在无涯的荒野里抑郁颓败而死。

没有子女继承衣钵，没有弟子传承诗文，这份才情就此了结实在可惜。于是她想找一个可靠又聪慧的孩子，将其毕生所学倾囊相授。

当时的李清照已经渐渐进入暮年，望着再难见到的故土心情惆怅至极。只是独自守着一个小院，身边没有一个亲人，国事已难问，家事怕再提，只有秋风扫着黄叶在门前盘旋，偶尔有一两个旧友来访。

当时有一孙氏朋友经常带着自己十来岁的女儿来找她闲聊，时间久了，她发现这个孩子极为聪颖，并且很有慧心，若加以点拨他日定能成大器。有一天，那个小姑娘来玩时，清照凝重而和蔼地对她说：孩子你非常聪明，应该学点东西了，稍事钻研他日定成大器。我老了，愿将毕生所学传授给你，你可愿意？没想到那孩子脱口而出："才藻非女子事也。"又继续玩她的去了。李清照不由地倒抽一口凉气，她觉得一阵眩晕，手扶门框，才使自己勉强没有摔倒。原来在这个社会上有才有情的女子是真正多余啊，她不禁深深叹息并心生悲凉。所谓童言无忌，小孩子或许只是把书本上学过的东西随口一说，可是那个封建社会的主流以及历来所推崇的不也正是小孩子所脱口而出的"女子无才便是德"吗？而她竟学富五车、才高八斗，还一直关心国事家事天下事，这不正是与社会的主流相违背的吗？难道曲高和寡就是一种错误吗？难道至情至性异于常人就得被视做怪物吗？也难怪有志报国却无门，寄托情志且无所，学有所专也无用，原来是这个社会并不接纳，因为如果接纳，他们的地位就会感觉受到威胁。

一种超越时空的孤独感令她如陷深渊且久久不能自拔，才情禀赋到了最后却成了她人生的深重磨难。其词名不仅仅长期遭到士大夫阶层的污蔑渲染，身心也受到着严重的戕害和摧残。半世流离，遥望家乡；贫困孤苦，浓愁寂寞。最终在她七十三岁时客死江南，超越了多舛的命运樊篱。

诗文与词章

翻开清照的简介，你会发现清照善词，能诗文，但流传不多。如今我们看到的学到的也大都是她所流传下来的词，偶尔有一首诗也是因为其通俗简单而意味深远，朗朗上口，读罢便能记住其十之八九。至于其他的尚不多见，不是它们不优秀而是历来流传的不广，基于这种情况，我将在以下的文中加以着重介绍清照除了词以外的其他作品。

一部《漱玉词》囊括了清照大部分的词作，虽然是辑本，由后人整理而得，但《漱玉词》的流传对我们了解清照熟悉清照理解清照都有很大的价值，同时也为我们提供了便捷，不必到处单个搜寻。而其他文集则大都已散佚。清照原本就工于词，其诗文虽量少但意精情满。以下我便选出几首自己熟悉喜欢的诗文与大家分享，以期共同探讨。

有人说对于清照的诗词我们可以这样划分，凡是可以公开的，均诉诸诗文，不便公开的，她就把"别是一家"的词，作为其内心隐秘的栖息之所。对于这样的划分我并不反对，像前面已经提到过的《浯溪中兴颂诗和张文潜》，作这首诗时她刚迁居汴京不久，十五六岁的闺中少女并没有太多的心计，如果放到现代，这个年纪我们还在上高中，对于政治对于处世都是直截了当、毫无避讳可言。那个时候的她还只是个涉世未深的孩子，见张耒写过的《题中兴颂碑后》内心不服气，顺势作了《浯溪中兴颂诗和张文潜二首》。二者比较之后显然小清照的诗无论从立意还是从深度来讲的确更胜一筹，当时士大夫也无不击节称赞。因这首诗在前文中已有阐述，不再赘述。

其在《夏日绝句》中直抒胸臆，让人一看就能明了其志向、其气魄，其对统治者软弱无能的鄙视，对丈夫遁城而逃的揶揄，赵明诚见后更是惭愧不已。因此诗前文也有叙述，在此不多讲。

李清照是一位罕见的感受敏锐、思想深邃而超前，文笔既委婉又犀利的文学多面手。与词风不同，她的诗多感时咏史，抒发对当局不满和自己的悲愤无奈之情。

丈夫赵明诚在被重新起用以后，独自上任。在其任莱州知州时，已有能力携家眷前往，但他依旧坚定地留清照独自在家。这使得清照感觉到隐隐的不安，后来为了留住他们的爱情，清照独自去莱州寻夫，没想到遭到丈夫的冷遇，遂作《感怀》诗一首：

寒窗败几无书史，公路可怜合至此。
青州从事孔方兄，终日纷纷喜生事。
作诗谢绝聊闭门，燕寝凝香有佳思。
静中吾乃得至交，乌有先生子虚子。

这首诗由眼前的环境转至目前的心境，然后转入议论。字里行间流露出对丈夫的不满，对物质的蔑视，对自己理想的坚持等等。情景交融，均刻于字，是一首很不错的述怀诗。

南渡之前，清照写的大都是自己的闺中之事；而南渡之后则将更多的笔墨放在了故土怀远、家国之思上面。特别是随夫到达江宁之后，每到下雪的日子就登上城楼寻找灵感以讽刺南宋统治者的软弱无能。曾有"南来尚怯吴江冷，北狩应悲易水寒"、"南渡衣冠少王导，北来消息欠刘琨"之句，而周（辉）则在《清波杂志》卷八中写道："倾见易安族人言，明诚在建康日，易安每值天大雪，即顶笠披蓑，循城远览以寻诗。得句必邀其夫赓和，明诚每苦之也。"可见其兴致之高、悲愤之强、爱国之深、思国之烈，只可惜报国无门，光复无望。

估计那时候的赵明诚每次见状都叫苦不迭，一来是因为其诗文的确不如清照，懒得费神；二来是怕此举遭人陷害，受统治者的责难吧。

宋高宗绍兴三年（1133年）五月，朝廷派同签书枢密院事韩肖胄和工部尚书胡松年出使金朝。肖胄言："今大臣各徇己见，致和战未有定论。然和议乃权时宜以济艰难，他日国步安强，军声大振，理当别图。今臣等已行，愿毋先渝约。或半年不复命，必别有谋，宜速进兵，不可顺臣等在彼间而缓之也。"肖胄母文氏，闻肖胄当行，为言："韩氏世为社稷臣，汝当受命即行，勿以老母为念。"

李清照闻此满怀激情地作古诗、律诗各一首为两公送行，力求政局能够像韩公说的有所改观，这也就是比较著名的《上枢密韩肖胄诗》。其文如下：

> 绍兴癸丑五月，枢密韩公、工部尚书胡公使虏，通两宫也。有易安室者，父祖皆出韩公门下，今家世沦替，子姓寒微，不敢望公之车尘。又贫病，但神明未衰弱。见此大号令，不能忘言，作古、律诗各一章，以寄区区之意，以待采诗者云。
>
> 三年夏六月，天子视朝久。凝旒望南云，垂衣思北狩。
>
> 如闻帝若曰，岳牧与群后。贤宁无半千，运已遇阳九。
>
> 勿勒燕然铭，勿种金城柳。岂无纯孝臣，识此霜露悲。
>
> 何必羹舍肉，便可车载脂。土地非所惜，玉帛如尘泥。
>
> 谁当可将命，币厚辞益卑。四岳佥曰俞，臣下帝所知。
>
> 中朝第一人，春官有昌黎。身为百夫特，行足万人师。
>
> 嘉祐与建中，为政有皋夔。匈奴畏王商，吐蕃尊子仪。

夷狄已破胆，将命公所宜。公拜手稽首，受命白玉墀。

曰臣敢辞难，此亦何等时。家人安足谋，妻子不必辞。

愿奉天地灵，愿奉宗庙威。径持紫泥诏，直入黄龙城。

单于定稽颡，侍子当来迎。仁君方恃信，狂生休请缨。

或取犬马血，与结天日盟。

胡公清德人所难，谋同德协心志安。

脱衣已被汉恩暖，离歌不道易水寒。

皇天久阴后土湿，雨势未回风势急。

车声辚辚马萧萧，壮士懦夫俱感泣。

间阎嫠妇亦何知，沥血投书干记室。

夷虏从来性虎狼，不虞预备庸何伤。

衷甲昔时闻楚幕，乘城前日记平凉。

葵丘践土非荒城，勿轻谈士弃儒后。

露布词成马犹倚，嵫函关出鸡未鸣。

巧匠何曾弃樗栎，刍荛之言或有益。

不乞隋珠与和璧，吸乞乡关新信息。

灵光虽在应萧萧，草中翁仲今何若。

遗氓岂尚种桑麻，残虏如闻保城郭。

嫠家父祖生齐鲁，位下名高人比数。

当时稷下纵谈时，犹记人挥汗成雨。

子孙南渡今几年，飘零遂与流人伍。

欲将血汗寄山河，去洒东山一抔土。

想见皇华过二京，壶浆夹道万人迎。

连昌宫里桃应在，华萼楼前鹊定惊。

但说帝心怜赤子，须知天意念苍天。

圣君大信明知日，长乱何须在屡盟。

韩肖胄是北宋名相韩琦的曾孙，高宗绍兴二年（公元1132 年），被朝廷派去和胡松年一起出使金国。清照的祖父和父亲都曾受到过韩琦的引荐，所以清照说他们家世出韩公门下。

上面的两首诗文通过对历史的叙述，通过引用历史上大量平定战乱的名人，通过汴梁失陷、二帝被虏的乱世，通过前后两朝由稳定到战乱的对比等引出战乱给人民带来巨大灾难，唯有反击才能获胜才能有安稳的生活，一味地求和妥协只会任人蹂躏备受摧残。清照通过大量的咏史写实来表达自己盼望早日收复河山的强烈愿望和积极应战的政治主张，表达了对处于水深火热之中的人们的同情和关怀，也表达了自己强烈的爱国主义情怀。如果仔细分析，会发现约一半的诗句都借用典故表达现实，其文底之深厚令人赞叹不已。

可惜的是，二公的出使并没有让烧杀抢掠的金兵有所改变，也没有出现清照所希望的反击局面。不久，金兵就兵分两路进犯杭州等地，清照只身逃亡金华避难。并在金华陆续作了《钓台》《题八咏楼》等诗，其中不乏"千古风流八咏楼，江山留与后人愁"脍炙人口的诗句广为流传。

清照除了诗词以外，其音律书画无一不精通。这里只是从文字出发来简单地介绍一下她的不同文体以及不同文体中的几篇代表，以示其才以读其情。

清照亦善文，虽同诗一样流传不多，但其意义和作用非同小觑。因其《金石录后序》和《投翰林学士綦崇礼启》在前文中已有叙述，这里着重跟大家分享一下清照的《〈打马图经〉序》，又作《打马赋》的有关内容。

金兵入侵杭州等地，清照逃到金华避难。到达金华之后，在一个月朗星稀的冬日夜晚，她突然想到了博弈之事。于是亲自撰写游戏规则，并让儿辈绘制成图，这就是《打马图经》，后又为《打马图经》作了序言，并针对这一博弈游戏写了《打马赋》。

赋作为一种文体，用来描绘客观事物同时也要写得爽朗通畅，简言之就是铺陈出新，辞藻鲜明。与直抒胸臆表达感情的华丽诗文有着本质的区别，一个着重言物一个着重抒情。晋代文学家陆机在《文赋》里曾说："诗缘情而绮靡，赋体物而浏亮。"

打马是一种博弈类棋局游戏，又比普通的对弈复杂得多。"马"也就是棋子了，每人20匹，每匹上刻有各种名马的名字，骰子三颗、棋谱一副，然后按照一定的规则、格局和棋谱，双方用马来布阵，设局、进攻、防守、闯关、过堑，计袭敌之绩，以定赏罚判输赢。

清照在流离逃难中记录这种游戏并非是心血来潮，而是鼓励人们为了国家的反击做点力所能及的事情。她是一介女流，纵然胸中有千丘万壑也只能是报国无门，在纸上谈谈兵而已。

《打马图经》虽然是一种博弈游戏，但是其中不乏"用兵"之策，仿佛一座城池就在面前等着自己去收复，大批民众就在里面受苦，等着自己去解救。而急于求成是要不得的，必须谨慎镇定才能够用兵自如，从而达到收复失地、解救黎民百姓的目的。先来看一下她的《打马赋》：

岁令云徂，卢或可呼，千金一掷，百万十都。尊俎具陈，已行揖让之礼；主宾既醉，不有博弈者乎？打马爱兴，撆蒲遂废，实小道之上流，乃深闺之雅戏。齐驱骥騄，疑穆王万里之行；间列玄黄，类杨氏五家之队。珊珊佩响，方惊玉镫之敲；落落星罗，忽见连钱之碎。若乃吴江枫冷，胡山叶飞，玉门关闭，沙苑草肥，临波不渡，似惜障泥。或出入用奇，有类昆阳之战；或优游仗义，正如琢鹿之师。或闻望久高，脱复庚郎之失；或声名素昧，便同痴叔之奇。亦有缓缓而归，昂昂而立，鸟道惊弛，蚁封安步。

崎岖峻坂，未遇王良；局促盐车，难逢造父。且夫丘陵云远，白云在天，心存恋豆，志在著鞭。止蹄黄叶，何异金钱。用五十六采之间，行九十一路之内。明以赏罚，核其殿最。运指挥于方寸之中，决胜负于几微之外。且好胜者人之常情，游艺者士之末技。说梅止渴，稍苏奔竞之心；画饼充饥，少谢腾骧之志。将图实效，故临难而不回；欲报厚恩，故知机而先退，或衔枚缓进，已逾关塞之艰；或责勇争先，莫悟阱堑之坠。皆由不知止足，自贻尤悔。况为之不已，事实见于正经；用之以诚，义必合于天德。故绕床大叫，五木皆卢，沥酒一呼，六子尽赤。平生不负，遂成剑阁之师；别墅未输，已破淮

淝之贼。今日岂无元子，明时不乏安石。又何必陶长沙博局之投，正当师袁彦道布帽之掷也。

辞曰：佛狸定见卯年死，贵贱纷纷尚流徙，满眼骅骝杂騄駬，时危安得真致此？老矣谁能志千里，但愿相将过淮水。

清照在此文中一开始便先指明此类打马游戏的意义，并不是无聊之事且能益智，增长历史知识。接着用很多典故和比喻进行论证说明。棋局一开，仿佛千军万马就在眼前供自己调遣，时而像周穆王日行万里时而像杨家人依仗合队，行军中其身上的首饰发出清脆的响声有如节奏明快的行军之歌。不多会儿便到了战场，该怎样布阵，该运用什么样的战略战术都要谨慎从容，以不变应万变，要具体问题具体分析，随时调整行军速度改变行军仪容。既要尽量躲避敌人的威胁又要直插敌人的软肋从而达到克敌制胜的目的。

千军万马总要听从指挥官的调遣才行，而指挥官的战略一定要得当，赏罚一定要分明。既要让军队训练有素又要让他们的意志与你融和。一个严厉而不失和善、公正清明的指挥官才能将部队指挥好，打好仗。争强好胜是每个人的天性，切不可为了一时之气而丧失了最佳出战时机。只要指挥得当，稍逊一点的部队照样能够取得胜利。就像东晋名相谢安作为军队的总指挥官在淝水之战的关键时刻，却气定神闲地与人下围棋赌别墅，最终的结果是面对前秦的侵略，以八万兵力打败了号称百万的前秦军队，致使前秦一蹶不振，他的棋赢了，别墅也就没有丢掉。

《打马赋》的字里行间表面上是说游戏实际上是暗指清

照自身的状况以及南宋王朝的无能统治。对于南宋来说有兵有将，若全力反击定会打败金兵收复故土，可惜的是名将被戕害，任用奸人为相，奉行不抵抗政策。最终让金兵得计并愈发猖狂，百姓流离失所、民不聊生。清照作为一介女流，纵有济世之才也无回天之力。下棋总比闲着好，于是她把这种游戏教给后人，并试图让人了解历史、了解战争，从而能够拿起武器英勇杀敌，收复故土。

如果说《打马赋》是写游戏的感受，那么《〈打马图经〉序》则是写游戏的规则了。只是这个游戏规则不同于其他，它不仅写明了游戏的具体玩法，还交代了发明打马游戏的时机以及清照作为打马高手的缘由。通过规则，清照是要告诉人们一个道理：无论做什么，都要一心一意，不能半途而废也不能心猿意马。其《〈打马图经〉序》曰：

慧则通，通则无所不达；专则精，精则无所不妙。故庖丁之解牛，郢人之运斤，师旷之听，离娄之视，大至于尧舜之仁，桀纣之恶；小至于掷豆起蝇，中角拂棋，皆臻至理者何？妙而已。后世之人，不惟学圣人之道，不到圣处，虽嬉戏之事，亦得其依稀仿佛而遂止者多矣。夫博者无他，争先术耳，故专者能之。予性喜博，凡所谓博者皆耽之，昼夜每忘寝食。且平生随多寡未尝不进者何？精而已。

自南渡来，流离迁徙，尽散博具，故罕为之。然实未尝忘于胸中也。今年冬十月朔，闻淮上警报，江浙之人，自东走西，自南走北，居山林者谋入城市，居城市者谋入山林，旁午络绎，莫卜所之。易

安居士亦自临安溯流，涉严滩之险，抵金华，卜居陈氏第。乍释舟楫而见轩窗，意颇适然。更长烛明，奈此良夜何。于是乎博弈之事讲矣。

且长行、叶子、博篁、弹棋，世无传者。打褐、大小、猪窝、族鬼、胡画、数仓、赌快之类，皆鄙俚，不经见。藏酒、樗蒲、双蹙融，近渐废绝。选仙、加减、插关火，质鲁任命，无所施人智巧。大小象戏、弈棋，又惟可容二人。独采选、打马，特为闺房雅戏。尝恨采选丛繁，劳于检阅，故能通者少，难遇勍敌。打马简要，而苦无文采。

按打马世有两种：一种一将十马者，谓之关西马；一种无将二十马者，谓之依经马。流行既久，各有图经凡例可考。行移赏罚，互有同异。又宣和间，人取两种马。参杂加减，大约交加侥幸，古意尽矣。所谓宣和马者是也。予独爱依经马，因取其赏罚互度，每事作数语，随事附见，使儿辈图之。不独施之博徒，实足贻诸好事。使千万世后，知命辞打马，始自易安居士也。时绍兴四年十一月二十有四日，易安室序。

第一段通过种种事例的介绍意在强调"慧则通，通则无所不达；专则精，精则无所不妙"这一总体性的概述。而要达到这一层，最基本的便是一心一意，能够耐得住寂寞，沉得下心志，从而全神贯注地投入学习，最终才能有所成。作者自己就是因为长期废寝忘食的练习才达到无人能敌的地步，并不是她天生就会而是她学的比别人多，钻研的比别人深，所以赢的机会比别人大。

第二段则讲述了她记录这个游戏的缘由和时机。因为长期的流离辗转，清照的博弈工具都遗失了。后来金兵入侵杭州，于是逃到金华避难。在陈氏第居住时感到环境舒适惬意，而窗外月明星稀。于是孤独难耐的她便发明了这种打马的游戏。

第三段则是列举各种游戏的种类及其特征，可惜的是这种打马的游戏常常因为规则繁重复杂而会的人不多，清照的愁闷之处还在于没有对手，寂寞难耐。

最后一段则是写明游戏规则，游戏该怎么玩？有哪些规则是特别需要注意的。并通过自己的喜好来暗示游戏的互动及乐趣。

对于这篇用词简单、意味深远的小序，曾有人给予"韵事奇人，两垂不朽"的高度评价。认为清照其人、其事、其文均轻奇韵达、新颖独特，必能万古流芳。的确，清照香消玉殒后的近千年，她的诗词文情依然被传唱、被视做经典来分析、学习。

易安居士

李清照号易安居士，所谓易安也就是容易随遇而安，而居士则可以从三个方面来理解，一是旧时出家人对在家信佛的人的泛称，二是古代称有德才而隐居不仕或未仕的人，三是文人雅士的自称。清照最先符合的就是第三点了，她出生于书香世家，

而自己又在文学方面有很高的造诣。其次，她是女子，古代女子是不能够做官的，所以她不是隐居不仕或未仕的人，她只能算是怀有德才而喜欢隐居的人。

易安居士的雅号是在李清照屏居青州时自己起的别称。自她那当丞相的公公赵挺之去世之后，赵家就开始受丞相蔡京的打击报复，最终只好远离京城回到青州老家。在青州的日子，生活虽然简单朴素但是有丈夫在身边，夫妻两个整日沉浸在金石古物的乐趣里。丈夫不做官了，也就没有应酬了，没有了应酬也就不再寻花问柳，哪怕只是形式上的而不是精神上的。对于金石的兴趣，丈夫赵明诚从小就有并且矢志不渝。而现有的藏书对爱好诗书、博闻强识的清照来说显然是不够的，那么丈夫淘来的那些宝贝，清照当然也非常喜欢研究，毕竟对新事物新知识的吸取，永远是乐此不疲的。

回到青州后，他们首先给居所命名为"归来堂"，即为在它的切切召唤下终于回来了。接着给自己取号为易安居士，以表示淡泊名利、不求闻达的志趣。其实也不仅仅是自己想要淡泊名利、不求闻达，同时也很希望丈夫能够淡泊名利、不求闻达。丈夫虽然志不在做官，心思都在那些金石碑刻上，但是一边拿着朝廷的俸禄做点小官一边搜寻整理他的那些宝贝还是十分乐意的，毕竟搜求那些古物需要银两，而他们双方的家庭均不富裕。但是丈夫一旦做官，放在自己身上的心思必然会减少，那是她所不愿意看到的。所以现在生活虽然十分俭朴但是可以专心做学问，对于屏居青州的这种生活状态清照是十分满意的。宁肯在物质上清苦也不愿在精神上愁苦。于是她取陶渊明《归去来兮辞》的题目以及其中的两句话："倚南窗以寄傲，审容膝之易安"来给居所和自己命名。当然她的生活居所并没有小到只能容纳双膝的地步，她只是能够安于生活上穷困而精神上富足的生活。

在我看来其实还是有一种道家的思想在里面的，安于生活而高于生活。我觉得清照的词中有时也是带着这种生活态度和释然情怀的。先来一起看看这首《玉楼春》。

玉楼春·红酥肯放琼苞碎

红酥肯放琼苞碎，探着南枝开遍未？

不知酝藉几多香，但见包藏无限意。

道人憔悴春窗底，闷损阑干愁不倚。

要来小酌便来休，未必明朝风不起！

这是一首咏梅词。冰洁傲然的梅花历来是文人墨客笔下的常物，特别是宋代，咏梅的词句就更多了，其中能尽得梅花神韵的上乘之作却并不多见。而李清照的这首《玉楼春》可算是一首，在万般愁苦什么都懒于去做的情况下依然能够被这梅花所吸引，并坚持去用心欣赏，可见梅的过人之处。

红酥是指红润柔腻，点明梅的色泽红润剔透。肯放是岂肯放的缩写，也就是还处于含苞待放的状态中。肯放一词的表达将梅形象化拟人化，像是梅拥有开放的自主权一样，别出心裁。琼苞是指梅花的花苞美好，琼苞碎则指梅花绽放。南枝是借用了他人咏梅字眼。李峤《梅》诗云："大庚敛寒光，南枝独早芳。"张方注："大庚岭上梅，南枝落，北枝开。"说明南面枝头的梅花是开得最早的。词人在这里试探

地边看便问朝南的梅枝上梅花都开满了没有？紧接着给了答案。蕴藉香气、包藏深意透露出此梅尚未开遍。而"几多香"、"无限意"，写梅花盛开后所发出的幽香、所呈的意态，慧思独运，精神饱满。红梅迟迟不肯绽放，原来是历久弥香在沉淀在酝酿，一旦开放，其香其韵其意便会声名远播。

梅花现在的状态——未全开，深意写完开始转向赏梅之人。花未全开不也正是春有无限意的时候吗？赏花人是什么样的心情和状态呢？答案来了，赏花人此刻正内心苦闷烦愁而憔悴不已呢。"道人"，学道之人，作者自指。春窗、阑干交代客观环境。满目的梅花待放，一个老妇人在窗户底下，面容憔悴消瘦，眉间似乎打了结，伫立在那，旁边就是阑干，但是她已经没有力气或心情去倚栏，凭望的景象平铺在眼前，形成鲜明的对比。学道之人就是不一样，她们能够自己解救自己，自己流放自己到愁苦的牢笼之外。于是，淡然了。要是想对花独酌就赶快行动吧，谁知道明天会不会一阵狂风把它们都打落了。这里"要来小酌便来休，未必明朝风不起"中的"休"字是语助词，含罢了的意思。这是作者心中的话，该干吗就干吗，要活在当下，珍惜眼前的时光。花未全开直接到花落的艺术表达与词人的心境是分不开的，充分显示她的忧患意识。她的半世流离、境况孤苦的境遇让她清楚地知道造化弄人，今日还是艳阳高照，第二天起来面临的竟然成了狂风暴雨。如同这战乱的朝代，仿佛昨天还在归来堂里跟丈夫玩茶令、读诗词今天却是山河破碎，与深爱的丈夫阴阳两隔。自然气候的转换亦如人世的风云突变，未可预料。

显然这是词人后期客居他乡的流离之作，其孤苦愁浓溢

于言表。但是一直以来随遇而安的生活态度，历经沉浮之后的淡然释怀令她有勇气面对以后的人生，并能从中体会珍惜眼前的豁达安慰，这也算不幸中的万幸了。否则在历经国破家亡、再婚含恨之后早就抑郁不已、香消玉殒了。但词人从道德方向思考，一直努力地去生存，去实现她生活的价值。

同样是以梅起句，所表现的状态却是大相径庭的。一个是赏梅，另一个则是在梦里豪情万丈地去追寻自己的梦想，如《渔家傲·天接云涛连晓雾》：

> 天接云涛连晓雾，星河欲转千帆舞。
> 仿佛梦魂归帝所，闻天语，殷勤问我归何处。
> 我报路长嗟日暮，学诗谩有惊人句。
> 九万里风鹏正举，风休住，蓬舟吹取三山去！

在这首词里，虽然起句跟上一篇相同但所表达的意境与情感全然不同。前篇的婉约恰到好处，而这一篇却一改柔美的常态，气势恢弘，景象开阔，情辞酣畅，豪放不羁，俨然一副大丈夫的胸襟。

这首词都是描写梦境，而所谓梦境不正是日有所思夜有所梦的具体体现吗？一枝枝含苞待放的红梅积攒着满腹的香气灵气伸向云端，云端之处正海天相接、雾气环绕，太阳还没出来，海面上的茫茫雾气仿佛跟天上的云融合在一起，到处飞舞，也分不清哪里是海面哪里是云端。据《宋词鉴赏词典》里讲，这是第一首描写有关大海的词，在李清照之前没有人在词里描写过大海。"天接云涛"两句用"接"、"转"、"舞"三个动词，来写海天动荡的境界。"星河欲转"，点出

时间的推移，"千帆舞"写大风，而风的力度只有在海面上才能够形成并发挥。云里雾里的缥缈踩着一朵云仿佛就到了玉皇大帝的朝堂，奇怪的是他们似乎以前就认识，玉帝哥哥很和蔼地问清照妹子要去哪里，要不要祝她一臂之力。看到玉帝哥哥这么善于助人清照也只好如实相告了。这天上人间的差别实在是大，自从清照回到人间做了妇女之后日子就不大好过啊。封建社会处处压制女同志，不让干这个、不让干那个，似乎只有在家老实待着煮饭带孩子当受气的老妈子是正理。清照是有知识有文化见过世面的人呐，哪能受这般窝囊气，但是身无双翼又不能飞又不能穿越的只好安于现状，顶多在梦境里神游跟天上的神仙说说话，让他们给她个坐骑啥的用用，也能省点脚力不是。正说着，玉帝一指，一只硕大的鲲鹏展翅呼啸而来停在清照身旁，而在一旁的菩萨一扇风来了，鲲鹏就借着力径直飞往清照想去的地方。

"闻天语，殷勤问我归何处"，实际上，正是因为词人不容易达到她想去的地方才会借助于仙境来实现自己的愿望才会有这样的梦境。后面的"我报路长嗟日暮，学诗谩有惊人句"说明了缘由。封建社会下的一个弱小女子纵然有偌大的本领也不敌当前混乱的政治，混乱的社会，纵然有盖世神功、济世之才也无济于事，因为她是女子，女子只适合待在家里。末尾的"九万里风鹏正举，风休住，蓬舟吹取三山去！"则暗示内心的强烈期盼，既然有大鹏帮忙，大风你就不停地吹吧，你的风力越大，我就越容易到达目的地。

蓬莱三岛历来作为神仙所居住的清静和平之所，战乱中的人们纷纷向往。这首词一说作于词人的早期，因满腔才学受制于封建制度的压迫而作，抒发自己内心渴望自由、无拘

无束的广阔天地。

但是仔细分析清照的一生，我比较赞同作家陈祖美在其《李清照评传》中分析的观点，清照此行并非去蓬莱而是去泉州。在我看来，封建制度由来已久，词人所处的时代并没有什么新文化革命之说，顶多也就是朝代更迭、换换君主而已，男权的封建制度是不会改变的，即使在社会主义的今天，即使男女平等提倡了这么多年也还是存在某种不平等的，除了社会因素，这是由其本身的特点决定的。我的原因有三：

第一，既然处于那个时代也便习惯了那个时代，况且清照家境较好，又不是吃不上穿不上，满腹经纶无用武之地换不来一口饭吃。从她跟丈夫屏居青州时字号"易安居士"来看，她应该是很容易安于现状的，喜欢隐居并不喜欢做官，她对丈夫做官尚且不期待，更何况是自己这个与官场无缘的女性呢？在美满和谐的生活里应该不会有这么大的深厚渴望去蓬莱之境。

第二，《庄子·逍遥游》里说："北冥有鱼，其名为鲲；化而为鸟，其名为鹏……鹏之徙于南冥也，水击三千里，抟扶摇而上者九万里。"清照正是化用了《庄子·逍遥游》里的神物。而北冥实际上指北边的海，当时指渤海；南冥自然也就指南边的海了，大鹏展翅是奔向南方。这与词人后期长达半世的南渡流离生活正好相符。

第三，靖康之变之后，宋朝统治者逃到南方。明诚被起用之后在南方做了几年的官，后来也是在南方上任的途中劳累抑郁而死。北方的家国已经被金兵占领，不复存在了，词人也只好在南方流离，投奔亲友。有人见她的那些金石文物

起意，不惜造谣诬陷明诚私通叛国，清照无奈，哪能让丈夫在死后背上这种"莫须有"的罪名呢。于是在金石丧失大半所剩无几的情况下又把所有的与"金"字沾边的东西都拱手送给了朝廷。没想到的是，她追着皇帝而去，而皇帝却比兔子跑得还快。无奈她只好只身奔向远在泉州的赵家人。只是身边还有丁点明诚遗留下来的金石古籍，那是最后的珍藏了，就是命丢了那些东西也不能丢。可是金兵入侵、烽烟四起，她一介女子南渡之不易可想而知，但是又没有人能够帮助她，她也只好在梦里盼望早日到达目的地了。

庄子本身就是道家的代表人物之一，而玉帝也好天廷也罢也是与神与道相关的。词人以道之心梦道之法来成全自己，释放自己的压力与痛苦，这不也正是易安居士对时代的一种诠释吗？

易安体

我们都知道李清照是我国宋代非常杰出的女词人，理所当然她的文学成就主要在词上。一方面她将婉约派的特色和手法运用得淋漓尽致，另一方面她又在其基础上推陈出新，形成了自己的风格。一般来说她的词清秀隽丽，情真意切，婉约自然，清新优美，自成一家。因其号易安居士，后世一般称其作品为"易安体"。

当时特定的历史条件促成了"易安体"神"愁"形

"瘦"清新奇隽的艺术特征，"李三瘦"的雅称也不是浪得虚名的。清照的文字贯穿于她生命的始终，可谓一落笔一千古。其中有少女时代的天真烂漫，活泼俏皮；也有婚后的煮茶斗诗，闲愁几许；还有丈夫死后独自漂泊江南、山河破碎无家可归的凄苦惆怅。"易安体"实际上就是人们对她词作的一种称呼，对其词性的一种认可和欣赏。

诚然，"易安体"这个概念并不是词人自己说的，而是后世文人根据其词的写作特点总结的。据记载，"易安体"最早出现在南宋词人侯寘《眼儿媚·效易安体》中。所谓效仿易安体也就是仿照或是临摹易安的词来写作。"花信风高雨又收，风雨互迟留。无端燕子，怯寒归晚，闲损帘钩。弹棋打马心都懒，撺掇上春愁。推书就枕，凫烟淡淡，蝶梦悠悠。"可以看出，这首词的描写与所要表达的某种景物以及渲染之后的意图与清照的词有些许相似之处，前面写实，写实中一句"弹棋打马心都懒"泄露了作者的心事，什么都不愿意做，那么只好"推书就枕"了。只是感觉读完后与清照的词还是有些差距，在文字的表达上、在情节的刻画上不如清照的细腻连贯。

"易安体"的再次亮相是通过老乡辛弃疾的笔传递的。大家都是老乡，虽未曾谋面但乡音亲切，情感上感觉很近。就像现在的老乡抱团一样，自己人挺自己人。清照的词原本就不错，这下老乡闲来无事还不仔细把玩几下。话说有一天辛弃疾在江西上饶一带闲游，那边的景色十分优美，在美景的感染之下，其兴致很浓，一连写了好几首诗词，其中有一首《丑奴儿近·博山道中效李易安体》，可见其对易安作品的欣赏。我们临摹字帖都是临摹大家的以便能提高自己水

平，写作文也是看那些优秀的以便吸取经验。辛弃疾虽然同为词人，但其派别写作手法自然有很多不同的地方，通过效仿一来能够更加真切地与被效仿的人与文字接近，二来也是对被效仿者思想与实质的一种自我认识和看法。究竟在他看来"易安体"是什么呢？且从他当时的词里来分析感受一下。

丑奴儿近·博山道中效李易安体

辛弃疾

千峰云起，骤雨一霎儿价。更远树斜阳风景，怎生图画。青旗卖酒，山那畔别有人家。只消山水光中，无事过这一夏。

午醉醒时，松窗竹户，万千潇洒，野鸟飞来，又是一般闲暇。却怪白鸥，觑着人欲下未下。旧盟都在，新来莫是，别有说话？

读完之后感觉一幅非常恬适静谧的画面展现在眼前。其中有峰峦叠嶂的山脉，山里的雾气一会儿将云遮住一会儿散开；远处有淡淡的太阳西下，而站在高处能够看到山那边的卖酒人家，中午躺在草地上就那么兀自睡去，周围的松树可以当窗，竹林可以当房子，十分广阔葱郁，充满自然的韵味和乐趣。山间的飞鸟起来又落下，一觉过后看着旁边的白鸥还在，嗔怪道："小东西，又偷看我午睡，你看你们一飞三停留的，是不是山间没人见到我格外惊奇呢，莫非另有隐情？"

显然这首词比上面那篇仿易安体的作品要高明、华丽得多。它的语言诙谐幽默，景物描写细腻，层次感强，虽都是眼前的东西，但是经作者一描述立刻鲜活生动了起来，与清照的写作特点有很多相似之处，可以说从表面上看这首仿易安体是比较工巧的。那么表面之下呢？在我看来还是有所不同，李清照的字里行间都有一个最终的心事要泄露，并且在她的词里，这个心事一直都在，虽然不同时期心事不同，但无外乎于深闺之中，或俏皮欢快或寂寞愁苦。想来这样的心事没有自己的亲身感受是效仿不来的。"易安体"不仅仅是语言上的表述与婉约中的升华，它更是词人的一种内在升降感受。所以在我看来，这"易安体"的效仿，容易得其形却不容易得其神。

清照的不同诗词所表达的不同心情不同气概不同感受，想必可以称之为"易安体"的特色了。比如"以寻常语入词"。清照很喜欢口语化的大众化的东西，当然也并不是直接将口语写到诗词里而是将口语稍稍润色提炼，然后以明白优美容易让人看懂的语言表达出来，从而让人明白自己在说什么或自己想说什么，用词自然清丽、鲜活隽永。

再比如"凄婉悲怆的格调"。清照从小生活在书香世家，父母在文学方面有很高的造诣，也具备很高的道德修养。十八岁嫁给丈夫赵明诚后，夫妻情投意合，相学相长。但是幸福的生活背后隐藏着灾难，父亲被划为"元祐党"，她也曾一度被赶出京城，夫家家道败落，再后来国家灭亡、丈夫早逝，只剩下她一个中年妇女独自漂泊客居他乡，不仅如此，她还要时时提防自己所剩无几的金石字画，还要逃避战乱。在这种情况下在这样的人生历程里，以文传心声的她所表达的怎么能是欢快的呢？那种凄婉悲怆的国破家亡之恨、之苦

也就不言而喻了。

此外，清照性格刚烈有大丈夫气。她的一首《夏日绝句》"生当作人杰，死亦为鬼雄。至今思项羽，不肯过江东"爱国之情、复国之志跃然纸上，并铿锵有力、慷慨悲愤，俨然大丈夫，比顺着绳子弃城逃跑的丈夫赵明诚实在是刚烈得多。"硕学通儒"的近代人沈曾植就曾在《菌阁琐谈》里说："易安俶傥，有丈夫气，乃闺阁中之苏、辛，非秦、柳也。"这个评价就指出了清照并非只有闺阁的柔情愁意，她还具有很多其他的特质，比如男儿气概。她的"九万里风鹏正举"就显示了她的正义和大气，这是要乘着大鹏飞过千山到达自己想要的那种没有战乱没有流离没有沧桑的安稳社会啊。

托物言志是文字表达的一大特色，但是像清照这种闺中女子能够将忧国忧民的爱国情思，能够将爱国的飒爽豪气与性格的刚毅决然有机地结合在一起，通过文字来展现的却是不多见，也因为这不多见，我们更加觉得其可贵、可爱、可敬。易安体以其特有的细腻纤巧写闺情词但不失丈夫气，在宋代词苑中独树一帜，自成一家。她的后期作品多表达忧国忧民、国破家亡之恨，带有鲜明的时代特色。加上她的用字简单、通俗易懂，音律明白流畅使词风得到充实和改造，对两宋词的发展以及后世人的影响都有着十分积极的作用。

清照对于文字是特别执著和有深意的。在她看来词就是词不同于诗，提出了"词别是一家"的理论主张。她在生活中也是这样来实践的，对所述内容进行了分类，根据类别决定这件事是来写诗还是来写词。通过仔细阅读清照的作品我们不难发现，她把有关政治时事、咏史怀古的感受通过诗表达出来。而把生活中个人的悲欢离合、惜春悲秋之感赋之于词，可谓泾渭分明。

见其词、闻其事、知其人，文字的恰当表达能使读者比较容易了解作者想表达什么，她的语言特色是什么，她的写作特征是什么。对一个陌生人的了解，我们也只有通过她的文字，有关她流传的故事来找答案了。

从整体上来读清照，我们会发现她的词都是围绕着自己的生活状态所展开的。与其他那些"应歌"填词的词人明显不同，她只写属于自己的心情故事，也就是进行自我形象化的艺术表现。《漱玉词》中最明显最重要的特征也是基于此。不同时期的不同心情所写来的文字也是不同的，我们能够根据她的词来判定这是在哪个时期所作，那个时期有什么事情发生，她所表达的心情起因为何。

良好的家庭环境和自身的聪颖气质，加上博闻强记、酷爱诗书的特性，使清照从小养成了争强好胜、开朗大方的性格以及深厚的文化积淀。这个时期的清照是无忧无虑的，也是活泼、可爱、俏皮而又古灵精怪的。从这个时期的作品中我们就能够看出这一点。比如《如梦令·常记溪亭日暮》，常常想起那个傍晚，哪个傍晚呢？当然是沉醉不知归路的那个傍晚。在溪亭、在荷塘、在湖中、在小舟上轻轻荡，一会儿采大把的莲花，一会儿采一串串莲蓬，一会儿在藕花深处翩翩起舞，一会儿又歌又舞、又饮酒作诗，以至于太阳都睡了还没有往家的方向走去，跌跌撞撞地往回走吧，又把沉睡的鸥鹭给吵醒了。读罢这首词，一副娇憨可爱、沉醉于自然美之中的少女形象清丽地站在你的面前，让你哑然失笑，连连拍手叫好。再来看《点绛唇·蹴罢秋千》的天真中而又带着点叛逆的形象。"见客人来，袜刬金钗溜。和羞走，倚门

回首，却把青梅嗅。"天真烂漫、羞涩好奇的情态和不甘约束、含而有露的性格，全都跃然纸上。婚前的种种无忧无虑的生活、可爱又不失庄重的气质、聪明而博学多闻的文学素养都一一通过文字来形象展现，给了后代人一个了解她、读她、懂她的机会。

在古代，封建思想根深蒂固，封建礼仪更是重得压死人，那是一个男人的社会，没有半点的女权思想。婚姻大事也都是父母之命、媒妁之言，因此，很多女子都陷入深深的痛苦之中。就像朱淑真，虽满腹才华但终不被那个当小官吏的丈夫所理解、所深爱，悲愤抑郁而死。死后，她的父母竟将她的关于爱情的文字都付之一炬，这是多大的悲哀啊。在那个社会"女子无才便是德"，今天细想来应该是有些封建压制的味道在里面。你想啊，女子不读书也就不知道书中岁月，也就体会不到另外一个美好的世界，没有思想没有主意只能听命于家长听从于丈夫，没有反抗的能力，即使遇到不公平的事也只能忍气吞声。文人就不同了，像卓文君和司马相如，当感情破裂时还可以用文字唤回曾经的记忆进而挽回爱情。我们的词人清照也有这样一段记忆，最终感化丈夫的还是她在文学方面对丈夫的无私帮助，对丈夫最爱的金石不辞辛苦地整理。毕竟夫妻志趣相投，有着很深的感情基础，一起收集欣赏金石字画，一起勘校整理分类，一起烹茶煮雪，一起吟诗作对，等等，陶醉在艺术的世界里，互为知音自然是再幸福不过的事了，有这样的人陪伴终生自是美不胜收。

虽然清照一生无子，但在那个"不孝有三无后为大"的年代里，她能够通过她自身的能力，通过在其他方面的卓越表现来打动丈夫，自始至终明诚也只有她这一个妻子，想来他们的爱情是难能可贵的，他们为了自己的幸福也做出了很大的努力。诗人陆游和妻子唐婉也是非常恩爱的，但是最终唐婉还不是因为没能给他生孩子，不符合老太太的心意而被休弃了吗？

所以在那个年代，没有一子半女的清照能够跟丈夫相伴到老的确属于不易。人到中年，战乱中丈夫病死；而他们竭尽一生收集的金石文物也在逃亡中散失接近九成，无依无靠的李清照到了老年只能过着孤苦伶仃、颠沛流离、无依无靠的生活，最终在凄凉寒冷的岁月里悄然离世。她的后期作品《声声慢·寻寻觅觅》《永遇乐·落日熔金》《武陵春·风住尘香》等等，都是她晚年心绪的展现和生活的缩影。清照通过词来表达其丰富的、曲折的一生，其词就是一本活脱脱的自传，但是这本自传言简意赅而又意味深长，这在整个词史上是绝无仅有的，这种艺术化的自我形象的流传也就成就了"易安体"的显著特色。

说到一部《漱玉词》接近于一部自传，可见其语言之锤炼。作为广泛流传的词来讲，精练不是根本，它还需要一件漂亮而被人认可的外衣，那就是语言的平实与精美了。平实自然才能让人朗朗上口并善于记忆，而语言清丽、超凡脱俗是它的色彩，我们知道黑白搭配虽是经典但并不适合所有的场合，换言之，口语化的简单表达也不适合大众的口味，大家还是会不自然地去喜欢美的东西。

这也就是"易安体"的另一特色了——语言精美锤炼、平实自然。宋人谓易安词"文采第一"（王灼《碧鸡漫志》）；明人云其"驾秦（观）轶黄（庭坚），陵苏（轼）轹柳（永）"（《崇祯历城县志》）；清人说"其炼处可夺梦窗

（吴文英）之席，其丽处直参片玉（周邦彦）之班"（李调元《雨村词话》）、"直欲与白石老仙相鼓吹"（陈适焯《云韶集》），这些无一不是对《漱玉词》的精美语言与锤炼表达的赞赏与评价。就拿《如梦令·昨夜雨疏风骤》来说吧，其结局"知否，知否，应是绿肥红瘦"读来令人感觉耳目一新，仿佛能感觉到她的语气、那种迫不及待的心情，那种对对方所答不满后的纠正，急急的又切切的。而"绿肥红瘦"作为她有名的三瘦之一历来被世人所传诵，为什么啊？

自然是她那鲜活的搭配，通俗而又寻常的字眼却透露着生动的自然现象。此字一出不仅形象生动地写出了风雨后海棠绿叶丰润、红花凋残的景象，而且还非常传神逼真地道出了词人的那种惜花惜春的惆怅心情。《草堂诗余别录》里就此称赞其"委曲精工，含蓄无穷之意焉"，而蒋一葵则在《尧山堂外纪》写道："当时文士，莫不击节称赏，未有能道之者。"

清代著名诗人王士祯也在其《花草蒙拾》称赞其用字传神，谓之："人工天巧，可称绝唱。"可见历代名人对其用词也简用情也深的欣赏和称颂。萝卜白菜，各有所爱。《唐宋诸贤绝妙词选》就提到宋代黄升更喜欢清照的"宠柳娇花"之作，并以其"前辈尝称易安'绿肥红瘦'为佳句，余谓此篇'宠柳娇花'之语，亦甚奇俊，前此未有能道之者"来说明。

翻开清照的词，"宠柳娇花"在《念奴娇·萧条庭院》里找到了它的影子，其原句为"宠柳娇花寒食近，种种恼人天气"。"宠""娇"一般是用来形容人的，作者在这里将它们移用到柳和花上，将景物拟人化形象化。既显示春日里新柳的婀娜轻盈又说明花的娇媚明艳，同时还能反衬出词人的落寞和憔悴，这种奇俊清丽而又新颖的表达让人耳目一新、耐人寻味。怪不得明人徐士俊称其"不效颦于汉魏，不学步于盛唐，应情而发，自标位置"（《古今词统》）。

说到词人语言的平时自然，那更是有话可说了。善用白描、独辟蹊径、清新脱俗原本就是词人写作风格的一大特色。其《行香子》里"甚霎儿晴，霎儿雨，霎儿风"，一会儿晴、一会儿雨、一会儿风地表现出了牛郎织女相见的迫切心愿，同时又表达出相见短暂，时刻关注天气变化、时针走动的惴惴不安，完全口语化的表达，令人读来朗朗上口。词人在《念奴娇》里写到"被冷香消新梦觉，不许愁人不起"，语言非常浅显易懂，动作十分连贯自然。我们都知道人在心情不好的时候睡一觉可能会好很多，而词人那么多的愁绪却无法安睡，再看看被子凉了、香炉里的香也灭了，不起就得挨冻了，还是起来吧。

仔细阅读清照的词我们会发现，她的词都是围绕着感情来的，有亲情、有爱情、有夫妻情、有爱国情，其中以夫妻感情最为常见，而这种感情是人类最普遍、最真挚、最美好也是最纯洁的。古代有关爱情的词历来不少，但其中大都是男人所作，而男人笔下所谓的爱情又多以"婚外情"居多，其涉及的大都是与歌妓舞女之间的爱恨纠葛，虽然也有苏轼那种《江城子·十年生死两茫茫》的直抒胸臆、感人至深之作，但那也仅仅是悼亡词，并且苏大学士在世时养的歌妓舞女最多。像清照这种纯粹的没有任何杂质的夫妻感情，在词界当属第一人，尽管也有女词人朱淑真写过很多有关爱情的诗句，但她的作品多了些艳情而少了些夫妻情趣相通的美

好。所以，清照词里的爱情比其他任何一位词人所表达的感情更真挚、更深入也更集中，这与她专于情、深于情、笃于情的本质是分不开的，也与她对爱情始终保持高尚的追求与优雅的向往分不开。凡此种种，词人在作品中的感情是单一的，都是有关她自己的心事，或娇嗔或愁苦或明朗或暗淡，也就是前人所提到过的感情模式单一而独特。著名美学家劳承万曾在《审美中介论》中指出："一个艺术家用自己的艺术手段，表现了某种新颖、独特的情感模式，那将是一种伟大的贡献。"词人在文学史上的一大贡献之一就是她在字里行间所坚持的这种固有而独特的情感表达方式，正是这种发自肺腑的心声成就了永恒的岁月，也成就了"易安体"。

我们知道清照是婉约派的杰出代表。那么什么是婉约？百度释义对其基本的解释就是委婉含蓄、柔美简约、悠扬婉转。具体的也只是在此基础上的延伸，但无论怎么扩展其轻柔曼妙的艺术风格与豪放壮烈的艺术表现是截然不同的，就像两个武功高强的人，一个善用笛子一个善用宝剑。在婉约的派别里每个艺术家的表现是不同的，清照的个性化更为鲜明突出一点。首先其他词人都是男士，而她作为女性，不管视觉上还是情感上所表达的都要比男词人要细腻得多。其次她博取众长、扬长避短，将其融合升华从而形成自己的艺术风格：柔中带刚、婉中见直、简约却不失滋味。同样是写离别写思念，男词人这样表达"为伊消得人憔悴，衣带渐宽终不悔"（柳永《凤栖梧》），这句还被后世称为爱情三种境界中的一种；她则"此情无计可消除，才下眉头，却上心头"（李清照《一剪梅》），两者虽本质相同但在表达上是有很大差异的。前者直抒胸臆，思念而致憔悴的另一种体现就是衣带渐宽；后者则多了些生动的跳跃，仿佛思念也会跑。

新巧化的表现手法。清照善于移情于物，将自己的内心感受通过自然景象或人物典故折射出来，使其词丰润使其意含蓄使其情深刻。如《满庭芳》"难言处、良宵淡月，疏影尚风流"。源于何处的难言呢？"何逊在扬州"通过典故含蓄地表达出其浓愁的原因。愁原本只是一种情绪，但词人将其形象化，有了质量有了密度，仿佛能够被笛声吹动。

以上所叙述的有关清照词的特点只是其中一隅，每一次读清照词每一次的感受都不同，从字里行间所学到的看到的也不尽相同，其种种写作特点也就构成了"易安体"的价值所在。而作为读者的我们，只有从大处着手，才能尽可能全面地了解清照词，了解"易安体"，了解清照的一生。

漱玉词

《漱玉词》因李清照故居前的漱玉泉而得名，其泉水清澈见底，泉水自池底涌出，水落池中如玉石片片，碧水洗白玉，浩纯无瑕故名漱玉泉。听说李清照小时候曾在泉边掬水洗漱（用今天的大白话说就是刷牙洗脸，并且还不用脸盆而是直接用手舀起水来直接使用），作诗填词（一来她有这个才能和雅兴，二来封建时代的女子都讲究个"大家闺

秀"，不允许经常去大街上溜达），故名为漱玉泉。据了解，济南趵突泉和章丘百脉泉的清照园旁边都有漱玉泉，到底哪个是正版，各有争论。

- -

书香世家的幸福生活在李清照出嫁之前，此时父亲朝中为官，家世书香浓郁，因而清照能有更加广阔的视野与自由。从社会角度来讲，当时真宗到神宗年间可以算是北宋的鼎盛时期。少年时代的她从表面上看来，处在一个既太平又繁华的社会，无忧无虑，充满了幸福和欢乐，偶尔有些自己的小情绪，时而明丽朗朗，时而对花酣醉，时而感触光阴的薄凉。她的前期作品中两首非常有名的《如梦令》所流露的情思，足以让我们从一些角度、一些景物中细细品味一个少女的活泼可爱以及突然间心路见长的纹理脉络。

如梦令·常记溪亭日暮

常记溪亭日暮，沉醉不知归路。
兴尽晚回舟，误入藕花深处。
争渡？争渡！惊起一滩鸥鹭。

词调格律为：中仄中平仄仄（韵），中仄中平平仄（韵），中仄仄平平，中仄中平平仄（韵），平仄，平仄（韵）（叠句），中仄中平平仄（韵）。

它的大意是说常常回忆起少女时代游玩的一次场景：在那柳絮飘飞、清泉涓流的湖畔，溪亭边玩耍忘了时间，不知不觉中天色暗淡下来，如此尽兴地投入竟忘记了回家。乘着夜幕里的小舟，载着满满的幸福欢快感往回走，不知不觉中竟走入了莲花深处，桨声荡荡，湖水淙淙，沉睡在花汀渔浦的鸥鹭纷纷拍打着水面飞起，在这短促的节奏和响亮的韵脚中，词人感受到一种强烈的生命力，勾起她那争强好胜、活泼好奇的少女天性。

这首小令通过"溪亭、日暮、藕花、沉醉、争渡"等几个景象片段来表达早期词人的情趣心境，情景交融、怡然自得，给人以美的享受。

这个时期的李清照是未经世事、一尘不染的孩子，字里行间流露出的是一种干净澄澈的单纯，是一个闺中少女幸福的展现；此情此景营造出一种幽雅静谧的氛围，沉静的荷塘、生命力强的鸥鹭、清新流溢的斑斓等都给词人一种巨大的洗礼与震撼，久久不能醒来，此次郊游始终令她难以忘怀。所谓"少年情怀自是得"，言尽而情不尽。

据《宋词鉴赏辞典》记载，这首词在南宋人黄昇的《花庵词选》中题为"酒兴"。

如梦令·昨夜雨疏风骤

昨夜雨疏风骤，浓睡不消残酒。

试问卷帘人，却道海棠依旧。

知否？知否？应是绿肥红瘦。

它的大意是说昨夜猛风急吹，雨点稀疏垂落。虽然睡了一整夜但是酒后的余醉还未全部消去。试着问那卷帘的侍女窗外的情况，听到的回答却是海棠花还是那样美丽。知道吗？知道吗？应该是绿叶繁茂、红花凋零才对。

通篇只有 33 个字，却将词人爱花、惜春的心情表达得淋

漓尽致。清早醒来，酒未全消（昨晚喝得实在太多了），急于想知道窗外花色却又不忍不敢亲自去看的心理，使她不得不小心翼翼地试着问卷帘的侍女，侍女淡淡地随口而出：海棠依旧。侍女的随意回答和词人的那种急迫担忧的情思形成鲜明对比，有道是"问者情多，答者意淡"。听完海棠依旧的回答，词人显然是不满意的，她的敏感告诉她经过一夜雨疏风骤的洗礼应该是绿叶丰润、红花憔悴才是，定是卷帘的侍女粗心大意或只是搪塞安慰她才那样回答的。

或许你会问喝醉了、浓睡中怎么会知道昨夜雨疏风骤的情况呢？醒来第一件事就是问海棠的情况应该是早先就知道雨疏风骤而不是醒来后才知道的，是不是这两句有些矛盾呢？其实不然，表面上看是昨晚饮酒过量、早晨醒来还有余醉，实际，从另外一个层面来看，正是因为词人惜花，不忍看到海棠飘落凋零的憔悴，夜晚才在海棠花下饮酒过量而导致清晨还有余醉的。杜甫《三绝句》诗："不如醉里风吹尽，可忍醒时雨打稀。"周邦彦《少年游》词："一夕东风，海棠花谢，楼上卷帘看。"韦庄《又玄集》卷下录鲍征君（文姬）《惜花吟》诗："枝上花，花下人，可怜颜色俱青春。昨日看花花灼灼，今日看花花欲落。不如尽此花下饮，莫待春风总吹却。"这些诗词都集中表达了一件事，那就是花在风雨中凋零，春在风雨中渐渐消退。通过花下饮酒来逃避落花飘散的凄凉实景，也就是为了表达对花的爱惜、对春的爱恋。

海棠虽好，风雨无情。一腔无可奈何的惜花情意是卷帘的侍女所不能体会的，毕竟她没有词人的那种敏感与细腻，也没有词人的那种对自然对人生，由此及彼、由彼及此的人生感悟。也或许侍女早就知道了她的心情所以才这样回答她以便让她放心，再好好地睡一会儿。不管你担心也好，不担心也好，自然规律终是要进行下去的，任何人不能左右也不能有半点的更改。

也有人说这首词作于词人婚后，这卷帘人很可能就是丈夫赵明诚，在这一点上我并不十分认同。要知道在大男子主义的封建社会，男权的思想是很重的，别说卷帘了就是油瓶倒了他也未必会去扶一下。更何况，如果是丈夫在身边的话，不管对花饮酒还是伤情花落怎么能少得了志趣相投的丈夫呢？所以我认为这里的卷帘人为清照的贴身侍女比较合适。

这首小令堪为经典，末尾的"绿肥红瘦"直至今日仍为世人所称道，胡仔《苕溪渔隐丛话》称："此语甚新。"《草堂诗余别录》评："结句尤为委曲精工，含蓄无穷意焉。"看来皆非虚誉。因为风的缘故红花飘落憔悴，而因了雨的来临绿叶丰润厚泽，四个简单的词所描绘出的不仅是风雨后的花景而且意味深长，活泼鲜明。花落不正显示着春的落寞，绿叶渐肥不正显示着夏的来临吗？

当然，清照在少女时代的词也不仅仅局限于以上两首，这里只是选取其中的一小部分来了解词人的生活及心情。这对于划分词作的时间也是具有明显意义的。

崇宁元年（1102 年），18 岁的李清照与大她三岁的赵明诚成婚，二人情投意合，在婚后的日子里相亲相爱，幸福多多。两人婚姻美满，情深意笃，但是婚后不久赵明诚要"负笈出游"，妻子知道无法挽留，遂以诗词诉衷肠，盼归人。从以下的几首词中便可窥探词人的相思之情，缠绵而无尽。

醉花阴·薄雾浓云愁永昼

薄雾浓云愁永昼，瑞脑消金兽。

佳节又重阳，玉枕纱厨，半夜凉初透。

东篱把酒黄昏后，有暗香盈袖。

莫道不消魂，帘卷西风，人比黄花瘦。

丈夫远行后，词人深闺寂寞，她深深思念着远行的丈夫。这年，时届重阳，每逢佳节倍思亲，于是写了这首词寄给赵明诚。

这首词从景物入手，满眼尽是好环境、好光景。又逢重阳，本应是夫妻共赏菊花的美好时节，然而现在却夫妻离别，因而这佳节美景反倒勾引起人的离愁别恨，更加刻画出词人的那种愁闷心情。

靖康之变之后，李清照随丈夫南渡；然而战乱中，何处是故乡？没多久，丈夫赵明病死，从此以后她结束了美满婚姻的幸福生活，开始一面悲愤一面流离，那种凄苦的心境，国破家亡的苦楚深深地埋在心中。所以词人后期的作品主要是抒发伤时怀旧和思乡悼亡的情感。表达自己在孤独生活中的浓重哀愁、悲愤、寂寞。这一时期的代表作如《声声慢》、《永遇乐》。

声声慢·寻寻觅觅

寻寻觅觅，冷冷清清，凄凄惨惨戚戚。

乍暖还寒时候，最难将息。

三杯两盏淡酒，怎敌他、晚来风急？

雁过也，正伤心，却是旧时相识。

满地黄花堆积，憔悴损，如今有谁堪摘？

守着窗儿，独自怎生得黑？

梧桐更兼细雨，到黄昏、点点滴滴。

这次第，怎一个愁字了得！

前三句"寻寻觅觅，冷冷清清，凄凄惨惨戚戚。"一连串叠字的运用，凄冷、孤清、落寞等情绪的表达给人一种愁惨而凄厉的凝重感。生活像一根抓不住的稻草，到处寻觅却无处落脚，只得置身于万丈深渊，黑暗而空虚。这种毫无安全感、毫无着落感、毫无情趣感，充分表达了词人当时所处的境地，国破家亡的恨与痛，晚年孀居的凄苦，让人深陷其中不能自拔。

"乍暖还寒时候"显示气候的多变，但是词人的心寒是天气的暖远不能焐热的，这种愁绪也加重了她"最难将息"吧。

"三杯两盏淡酒，怎敌他、晚来风急？雁过也，正伤心，却是旧时相识。"一般我们说秋风萧瑟，晚风自然加重了词人的那种愁绪和寒冷，于是酒再怎么喝也觉得淡了，这里的"淡"字更加突出愁的"浓"。秋天到了，大雁从北方飞往南方，所以说是旧时相识，这里也暗指自己的思乡情绪。上阕通过景物寓情于景，通过意向使愁变得具体而又意蕴无穷，耐人寻味。

"满地黄花堆积，憔悴损，如今有谁堪摘？"这里的满地黄花不是指落地之花而是指菊花开得正浓、正盛，但是词人自己因惆怅而憔悴，无心去欣赏，'如今有谁堪摘'呼应前

面两句意思。

"守着窗儿，独自怎生得黑。"此句的描写仿佛让我们看到一个落寞的老妇人眉头紧锁、独自在窗前无聊闲坐，可是这种苦闷的心情拉长了时间的长度，感觉天迟迟暗不下来。

"梧桐更兼细雨，到黄昏、点点滴滴。"化用温庭筠《更漏子》"梧桐树，三更雨，不道离情正苦；一叶叶，一声声，空阶滴到明"的词意，虽是化用却前后衔接，自成一境。前面写在窗前独坐怎么也不见天黑，接着写窗前的景色，秋雨打在梧桐上，滴答滴答不停，凉意横生。

"这次第，怎一个愁字了得！"此句将所有的情思都化在了一个"愁"字上，用强烈的语气表达自己的浓重感受，所有的一切都压在了"愁"这一件事上。

这首词中有一个需注意的地方，那就是"晚来风急"中的"晚"字，在清人朱彝尊、汪森所编的《词综》及古代的一些版本中记为"晓"字。形状类似的两个字，词义却完全相反。一字之差，变换出不同的情景。一个是清晨一个是黄昏，而故事与写作背景也全然是另一种情况。

抛开这这个字不说，单从这首词的写作背景来看，一说是赵明诚死后词人独自漂泊的凄凉晚景，另一种说法则是赵明诚外出，清照受到了冷落，在此通过典故意欲表达内心的感情。

在我看来，每一种理解似乎都有相应的证据来说明。但是每一个证据的提供者都是人，是词人李清照之外的人，所以仁者见仁智者见智，我们学习她的词，感受她的文风与落寞之感，对于写作于何时，为何而写则需要在更加广泛的有关她的文章中去了解，去一一编排属于自己的认识与思想。

还是那句话，历史的不一定是正确的。通过自己的努力所编排考证的依据，终有一天也会成为别人理解清照的一个参考。

永遇乐·落日熔金

落日熔金，暮云合璧，人在何处？
染柳烟浓，吹梅笛怨，春意知几许？
元宵佳节，融和天气，次第岂无风雨？
来相召、香车宝马，谢他酒朋诗侣。
中州盛日，闺门多暇，记得偏重三五。
铺翠冠儿，捻金雪柳，簇带争济楚。
如今憔悴，风鬟霜鬓，怕见夜间出去。
不如向帘儿底下，听人笑语。

这首词一开始连用三个问句："人在何处？春意知几许？次第岂无风雨"来暗示词人的那种历经沧桑、辗转无尽的寂寥悲苦。

"落日、暮云、柳烟、梅笛、元宵佳节、融合天气"等一系列词语展现出元宵时节有好天气有繁盛的元宵盛况。这首词作于宋高宗建炎三年（公元1129年），此时宋金暂时停止交战，临安一片升平，大家张灯结彩又可以痛痛快快地过节了。

友人来邀请她一同出去游玩，词人虽有闲暇却无游玩的心情。想起当年汴梁元宵佳节的盛况，更加激起她国破家亡的哀思，原本她就有着孤苦流落的情怀与敏锐的洞察力，看今日景况，遥想当年，思半世流离加重了她的悲凉思绪。所

以她搪塞着没有道理地回答："天气太暖了，暖得不正常，难道不会忽然来一场风雨吗？"这也反映了她经历了国家和个人的巨大劫难之后，顿觉世事难料、横祸随来的恐惧心理。

词　论

词论虽然跟前面所提及的《打马赋》一样属于同一类文体，但是基于它的重要意义，在这里单独拿出来，以期通过论述进一步深化词人全面手的形象，加深理解。

受"元祐党"的影响，李清照的公公官至丞相的赵挺之去世之后，赵家被丞相蔡京陷害，最终虽免除牢狱之苦但家道中落，在汴京已无立足之地。这时赵明诚携妻清照回到了山东青州老家，这一待就是十年。

受元丰党人的迫害，作为苏轼四大弟子之一的晁补之在那期间也被罢官。赵李屏居青州时，有段时间晁补之丁忧正好回缗城（今山东金乡）。一直以来有师徒之谊却无师徒之实的晁李二人正好借此机会相互交流。清照少年时期便拜晁补之为师，只是一直以来得到他赞赏的时候多些，而得到他指点的机会则很少。趁着老师有大把闲暇时光，青缗两地又相隔不远，于是清照抓住这大好机会，向老师不断请教，希望能借此提高自己的理论水平和散文素养。晁补之跟清照的父亲李格非是同事，年纪也类似于清照之父。原本就从心眼里喜欢这个徒弟，看其一心向学十分高兴。于是因材施教，将早年写过的一篇词评《评本朝乐章》拿给清照看。做这篇词评的时候，清照还是个小孩子并在明水老家所以她还尚未读过。里面针对柳永、欧阳修、苏轼、黄庭坚、晏殊、张先、秦观的词，都做了比较全面的分析。他一面肯定苏轼'横放杰出'，不受曲子的音律的束缚；一面又不满黄庭坚'著腔子唱好诗'，认为作词还须讲究当行本色。较苏门其他人而言，他的见解显得全面和有利于词体的发展。

近十年的光阴涤荡，几经沉浮，清照依然没有磨掉她那争强好胜的慧心，还是像十六七岁和张文潜诗那样，在看过老师的词评之后洋洋洒洒地写出她对于词的看法，除了对于宋代词作的评价外还提出"词别是一家"之说。不用说大家也能想得到，此评论一出又是轰动一时。不管她评论得多么精准，她所处的时代必定会让她深处哗然之中。

或许长期以来受苏门的影响，此论与苏门论词的精华相一致。她又在此基础上有所创新，并提出自己新的词学观点，对南宋中后期"江湖词派"的词学理论具有深刻的影响。此论不仅是李清照唯一的词学论著，纵观历史，它也是词史上最早产生巨大影响的一篇。对词，清照是持什么样的态度与标准呢？现从以下的词论内容中试做分析。

乐府声诗并著，最盛于唐。开元、天宝间，有李八郎者，能歌擅天下。时新及第进士开宴曲江，榜中一名士，先召李，使易服隐姓名，衣冠故敝，精神惨沮，与同之宴所。曰："表弟愿与坐末。"众

皆不顾。既酒行乐作，歌者进，时曹元谦、念奴为冠，歌罢，众皆咨嗟称赏。名士忽指李曰："请表弟歌。"众皆哂，或有怒者。及转喉发声，歌一曲，众皆泣下。罗拜曰："此李八郎也。"自后郑、卫之声日炽，流靡之变日烦。已有《菩萨蛮》《春光好》《莎鸡子》《更漏子》《浣溪沙》《梦江南》《渔父》等词，不可遍举。五代干戈，四海瓜分豆剖，斯文道息。独江南李氏君臣尚文雅，故有"小楼吹彻玉笙寒"、"吹皱一池春水"之词。语虽甚奇，所谓"亡国之音哀以思"也。逮至本朝，礼乐文武大备。又涵养百余年，始有柳屯田永者，变旧声作新声，出《乐章集》，大得声称于世；虽协音律，而词语尘下。又有张子野、宋子京兄弟，沈唐、元绛、晁次膺辈继出，虽时时有妙语，而破碎何足名家！至晏元献、欧阳永叔、苏子瞻，学际天人，作为小歌词，直如酌蠡水于大海，然皆句读不葺之诗尔。又往往不协音律，何耶？盖诗文分平侧，而歌词分五音，又分五声，又分六律，又分清浊轻重。且如近世所谓《声声慢》《雨中花》《喜迁莺》，既押平声韵，又押入声韵；《玉楼春》本押平声韵，有押去声，又押入声。本押仄声韵，如押上声则协；如押入声，则不可歌矣。王介甫、曾子固，文章似西汉，若作一小歌词，则人必绝倒，不可读也。乃知词别是一家，知之者少。后晏叔原、贺方回、秦少游、黄鲁直出，始能知之。又晏苦无铺叙。贺苦少重典。秦即专主情致，而少故实。譬如贫家美女，虽极妍丽丰逸，而终乏富贵态。黄即尚故实而多疵病，譬如良玉有瑕，价自减半矣。

《词论》虽然只有区区几百个字，但其内容充实，言之凿凿。清照在这首小文里将词的来历与演变娓娓道来，并指出上乘之作的标准。通过分析诗与词的不同之处，提出词"别是一家"的观点，并运用此观点来评论当时宋代名人的词句。

词在宋代之前并不叫词，只是后人根据宋代文学的特点谓之为："宋词"。它历经朝代更迭，并在时代的推动下经济的发展下逐渐发展。就以上的词论来看，我们可以看出：

词在唐朝时称为乐府。从那以后郑地和卫地的乐声日益盛行，但那时候的声乐柔媚、音节变化也更见烦琐。唐朝时已经有《菩萨蛮》《春光好》《莎鸡子》《更漏子》《浣溪沙》《梦江南》《渔父》等曲调，在此不能一一列举。

到了五代时期，国家分崩离析各自为政，长期战乱不已而致斯文扫地，几乎没有人传唱了。只有南唐君臣还有着丝丝唱音，虽然也有"小楼吹彻玉笙寒""吹皱一池春水"的奇丽唱调，但那都是表达亡国的情思，那种亡国之人所唱出来的歌声往往带着很深的哀伤，不能算曲子词中的上品了。

到了宋朝，礼仪、声乐、文治武功都齐备了，又经过若干年的休养生息，才开始由叫柳永的人变乐府旧声为新声，并有《乐章集》问世，其音律协调，只是内容低俗、语言粗糙。

再后来张子野（张先）、宋子京（宋祁）宋公序（宋庠）兄弟以及沈唐、元绛、晁次等人辈出，虽然语言清丽但

篇幅破碎，不能称为名家。到了晏元献（晏殊）、欧阳永叔（欧阳修）、苏子瞻（苏轼）这些人，他们学究天人，填这些小歌词，就像是拿着葫芦做的瓢去大海里取水一样容易，但实际情况并不如此，其句经不起推敲并时常不协音律，这是为什么？

这是因为诗和文章只分平仄，但词却要分五音（宫商角徵羽），又分五声（阴平、阳平、上、去、入），又分六律（黄钟、太簇、姑洗、蕤宾、夷则、无射），还要分发音的清、浊、轻、重。比如前期的那些词牌名叫《声声慢》《雨中花》《喜迁莺》的，既可以押平声韵，又可以押仄声韵。《玉楼春》本押平声韵，有押去声，又押入声。本来是押仄声韵的，如果押上声韵就能与音律协调配合，但如果押入声韵，就不能像歌那样容易上口唱和了。王介甫（王安石）、曾子固（曾巩），他们的文章虽有西汉遗风，但如果他们把那种风格用在作词上，恐怕就要贻笑大方了，因为那样的做法会让词句不畅，音律不协。

通过仔细分析，我们得出结论，词是单独的一个派别，不栖息附庸于任何一种文体，但是能够有这种认识的人却极少。后来从晏叔原（晏几道）、贺方回（贺铸）、秦少游（秦观）、黄鲁直（黄庭坚）的词里，能够看出他们对于词的要义和精髓所在，但就这几个人还各有各的弊端。晏几道的词缺少铺叙，贺铸的词缺少用典。秦观的词虽深情婉转但缺少有借鉴意义的旧事，就像在一个穷人家长大的美女，虽然漂亮时尚但骨子里却缺少那种与生俱来的富态。黄庭坚的词内容倒是充实，却有些小毛病，就像一块美玉，却有些斑点，所以价值自然要打些折扣了。

通过清照的这篇小文，我们能够得出几个结论：

第一，宋词的产生经历了漫长的岁月和变迁。直到宋朝还没有完全定为词，只是随着经济的发展和文化的繁荣，在宋朝这种传唱类的东西得到空前的发展和繁荣，所以演变为一种独立的文体，并成为时代的主流。

第二，词"别是一家"之论既将其独立出来从而间接提高它的地位，又与诗文做比较，对其写好的标准有了明确的指引，即雅俗问题和音律协调问题。

第三，通过点评、套用词的特点、标准发现，会写词的不多，偶尔有几个能懂得词作之真义的还缺胳膊少腿的。实际上，清照通过客观的点评来表达自己的看法，在一定程度上能促进宋词的发展和繁荣。

总之，清照此次写作的目的并不是有意针对谁，而是客观地表达自己的看法。正因为其切中要害才能广为流传，被后世所称颂。

艺术家的气质

李清照是中国古代罕见的才女，她擅长书画，通晓金石，而尤精诗词。实际上李清照是琴棋书画样样精通，无所不能。只是那个战乱流离的年代让其很多宝贵的东西付诸东流，在人人自危的年代，大家都只顾着逃亡，而对于他人之事，显然并不是那么在意而已。

这里说清照具有艺术家的气质，不是说她琴弹得好也不是她的画技艺高超，而是其最擅长也最著名的文字以及文字中至真至纯至善至美的性情不与常人同。就以这首《鹧鸪天》为例，词人第一次对某一种花提出"花中第一流"的赞美，就连她最爱的梅都甘心居后了。

鹧鸪天·暗淡轻黄体性柔

暗淡轻黄体性柔，情疏迹远只香留。

何须浅碧深红色，自是花中第一流。

梅定妒，菊应羞，画栏开处冠中秋。

骚人可煞无情思，何事当年不见收。

这是一首盛赞桂花的作品，怎么看出来的呢？第一句"暗淡轻黄体性柔"从颜色、形状、特征来描写桂花。暗淡轻黄正是桂花的颜色，轻盈柔美正是桂花的特征。桂花的花株很小，远远地看到一株深绿色的树，走近了才能看清桂花的容颜。就是这小小的柔软花朵竟能弥漫出浓郁的香气，像是终其一生也就是为了释放其香。我们喜欢一朵花常常是因为它的色彩鲜艳、体质轻盈柔美，而这里正是抓住了人们的往常喜好来描写桂花。

第二句"情疏迹远只香留"中情疏迹远也就是迹远情疏之意，是指我们平常不多见所以感情上觉得疏远。因为这种树多生在深山中或是一些特定的南方区域，人们在平时的生活中不常见所以有些陌生。这种花树虽然安静但其香气日久弥新，仿佛远离尘嚣就是为了沉淀自我，就是为了香气远播。纵然有千重山万重水相阻隔，纵然无人欣赏，它依然独

立地保持自己的香味并倾情释放。李白有诗曰："安知南山桂，绿叶垂芳根。"宋之问则诗曰："为问山东桂，无人何自芳。"桂，就是这里的桂花了。处于深山中的桂花，即使无人欣赏也依然美丽绽放，香气弥漫。

"何须浅碧深红色，自是花中第一流"是词人对桂花的盛赞。一般说来那些深红、浅碧的鲜亮颜色更容易引人注目。而这里对于桂花来说根本不需要颜色的衬托，光是那浓郁花香、柔美而安静的性情就已经足够使它成为第一流的名花了。

如果说开头两句是围绕桂花之色的话，那么后两句应该就是围绕桂花之香展开对比了。色即颜色，看得见、摸得着的东西也就是其外在。香即花香，看不见摸不着，只能闻得到感受得到，可以看做是其内在。这里词人所推崇的便是其内在美比外在美更具吸引力。

下阕"梅定妒，菊应羞，画栏开处冠中秋"。梅花与菊花本来就有着品格高远的特质，而它们又不同于桂花开放的季节，无所谓"斗艳斗香"。可为什么连开在百花之前的梅和开在深秋之后的菊也都羡慕嫉妒呢？想必是因为自己的香气不如桂花吧。"梅"、"菊"两花的人文意义显然比其自身的特质要大的多，而桂花不仅有着高远的特质还有着内在的芬芳，有鉴于此，正值中秋八月开放的桂花理所当然地成为花中之冠了。

最后两句"骚人可煞无情思，何事当年不见收"。"骚人"指的是屈原。屈原的《离骚》上多载草木名称，来比喻君子的修身美德和淡泊气质。只是翻烂了《离骚》也没有找到桂花的名字，于是词人对此愤愤不平认为是屈原情思不足

才没有收录桂花的名字，在词人看来，或许屈原连桂花都没见过呢。

这首词节奏比较欢快，字里行间流露出对桂花的喜爱，尤其是爱其性情。这也就暗示了作者自己的性情如同桂花一样，虽普通平常却坚持自我、倾情远播芬芳，哪怕无人欣赏，也依旧悄然绽放。

半世孤苦流落

总的来说，如果给词人李清照的生平划分时期的话，我会将其人生划分为三个阶段：

第一个阶段为出嫁之前的名门闺秀。

第二个阶段为几经起落小妇人的幸福生活。

第三个阶段则是孤苦伶仃的嫠妇生活了。

北宋灭亡后，赵明诚、李清照二人开始了辗转流离的南渡生活。正因为北宋的灭亡，南宋的建立，统治者更替才有了赵明诚重新被起用。而南渡的生活虽然劳累、辗转，但是清照还有丈夫在，还有人可以依靠，有家可以依托。虽然是逃离生活，但赵明诚每到一处做官都是有临时居所的，清照还不至于四处流离逃亡。可是后来赵明诚上任途中病死了，李清照从此便成了无家可归、无依无靠的孤家寡人了。此后的心境大变，词风也大变。我们能够从其之后的词中读出词人那种悲凉凄苦的情境和报国无门的悲愤与豪情。

忆秦娥·咏桐

临高阁，乱山平野烟光薄。

烟光薄，栖鸦归后，暮天闻角。

断香残酒情怀恶，西风吹衬梧桐落。

梧桐落，又还秋色，又还寂寞。

　　这首词应该是作于赵明诚死后的第二个月。料理完明诚的后事，清照气息只剩一半。但是孤身一人的她能够依靠谁呢？还是得靠自己，只好努力自己给自己疗伤，释放悲伤释放苦楚释放无穷的寂寞。文字是最好的一剂良药，而文字从何而来啊？当然是有感而发才行。词人通过凭吊半壁河山以及对死去亲人和昔日幸福生活的祭奠来释放内心深处的愁苦。

　　于是，这天词人登上高高的楼阁，向远望去一望无际，远处的山峰峦叠嶂，而雾气缠绕着原野迟迟不肯散去。荒凉中又依稀见到丝丝日光，只是其孱弱到微不足道。这种似有光明又不见光明的萧瑟渲染，烘托了词人压抑而又凄凉的内心。让人感觉想痛哭却又无泪的纠缠，乌鸦一边哀号一边飞回家，鸦声渐渐消失，远处又隐隐传来军营的阵阵号角。唉，只是这号角何用，又不上战场杀敌又不收复故土，关键时候又不顾百姓的安危，要你何用？只叫人天天提心吊胆无处安身。这里日暮下乌鸦的绝唱与军营的号角都给人一种空旷悲凉而毛骨悚然的感觉，仿佛战争马上又要来临了。

　　曾经的过往都烟消云散了，每想到此情绪就无比的低落。那些美好的往事仿佛就在昨天，可是今日此时我却在这高楼上追忆垂泪，心情实在难以言说。秋天来了，梧桐树的硕大

叶片被风吹落，秋风萧索，一声声像钢针一样将我的内心刺破。词人本身的心就是破碎的，而此情此景此风直接让词人的心在滴血。国破家亡之仇、背井离乡之恨，曲折辗转一路，数不尽的辛酸道不完的苦难一下子全部涌上心头。最终"又还秋色，又还寂寞"，将作者的心声全部说出，同时又透露了词人对光阴逝去的无奈和对秋色给人寂寞的厌恶。

王国维在《人间词话》中说："能写真景物真感情者，谓之有境界。"而词人将眼前的景象与自己的全部感情都投入到结尾的那八个字中"又还秋色，又还寂寞"，使全词意境达到高潮，蕴涵深刻而意味深远。

清照后期的流离孤独生活并不是一帆风顺的，因其手中还存留一丝半毫的金石古物而被一些垂涎三尺的小人诋毁、中伤，使其原本不安的生活更加惶恐。于是，在听说有人捕风捉影污蔑丈夫赵明诚曾以玉石相赠金人的事时，连忙避嫌为其正名。其实那哪里是玉壶啊，只是一个不值钱的石头壶罢了，就这还只是过了过眼并没有留下。可是在男权主义的封建社会谁听一个小女子解释呢？于是她决定将所收藏的金石古物中带金的全都上交朝廷以显示其夫妻之清白，可惜的是当她赶到皇帝行在的时候，皇帝早就逃跑另换了地方，这事也就不了了之了。然而，这件事留给清照心里的阴影却挥之不去，使她如同惊弓之鸟。下面的这首《好事近》便是在这时创作的。

好事近·风定落花深

风定落花深，帘外拥红堆雪。
长记海棠开后，正伤春时节。

酒阑歌罢玉樽空，青缸暗明灭。

魂梦不堪幽怨，更一声啼鴂。

起句"风定落花深，帘外拥红堆雪"，是词人的想象之境。似乎那狂啸的大风停了，就一定会落花满地，红白堆积。这是一首伤春之作，春日里原本就有各种颜色的花争奇斗艳，大风一吹自然是落地杂糅、红白堆积了。有时候也像是红花与白雪的组合。令人看后感到无限的深意。

紧接着是"长记海棠开后，正伤春时节"。《宋词鉴赏词典》里提到长记即为常记，即经常，也就是以往的"伤心时节"经常萦绕在心间。如果作为一个时点的话，我却以为可以理解成曾经在北国时，常常担心海棠花一夜开败。词人笔下的海棠花出现过多次，有时它们是相通的，这对于理解词人的心情有着重要的作用。

上阕伤春，到了下阕另起，词句直接指向赏花的人了。赏花人此时是什么样的心情呢？

"酒阑歌罢玉樽空，青缸暗明灭。"酒阑、歌罢、空的酒杯以及忽明忽暗的油灯在那兀自地凌乱摆放着，词人此时定是因酒醉而昏昏沉沉地睡下了。此句通过四个极富象征意味的物体刻画出一种幽暗、凄冷、毫无生气的氛围，在这种冷清凄凉中，一个饱经沧桑的中年妇女和衣而睡，不是真睡而是酒醉，阴冷的天却连个盖被子的人都没有。试想，一个历经风霜的中年嫠妇置身于如此环境中，其心情该是怎样的凄怆孤寂，一切尽在不言之中了。

最后"魂梦不堪幽怨，更一声啼鴂"，白日词人是惜花伤时，夜晚则借酒浇愁愁更愁，原本是想从梦中得到一丝慰

藉，然而梦中的情景，却依旧是幽怨哀愁，只好醒来，可是醒来时，听到窗外凄厉的"啼鸠"声，其悲怆苍凉的心情更加沉重了。"恐鹈鸠之先鸣兮，使夫百草为之不芳"（屈原《离骚》）。

前面说到词人历经沧桑之后如惊弓之鸟，那些沧桑的凄风苦雨让原本敏感多思的词人更加敏感不安了，所以如今经常陪伴清照的通常是酒，只有在酒精的麻醉下她才能暂时停止思想安睡一会儿。

正是这前期的天真浪漫与后期社会的残酷无情形成了李清照截然不同的人生，也造就了她两种不同的诗词风格。这种传奇般的人生境遇既毁了李清照，也成全了李清照，这才有了这一段才情女子的旷世传奇。